Glissement de terrain

18 rue Barbès,
92128 Montrouge Cedex
ISBN : 978-2-227-50121-8
Dépôt légal : mars 2024

Conception graphique
Élodie Cavel

Typographies
Roman Grotesque de Bureau Brut
Lyon Text de Commercial Type

Photo de couverture
© Corentin Fohlen/ Divergence

Composition et mise en pages
Nord Compo à Villeneuve-d'Ascq

Aux cerisiers, à ce qu'ils abritent.

Partie I — Côté jardins

1

Monde parallèle

Mercredi 2 juin 2021. Je me rends à Aubervilliers pour voir les jardins ouvriers, aussi appelés jardins familiaux, plus anciennement jardins des Vertus. On m'a signalé qu'il se passe là, depuis plusieurs semaines déjà, des choses qui méritent le détour. « C'est après le parking des bus, on ne peut pas se tromper. » Depuis le carrefour animé des Quatre-Chemins, j'ai marché le long de l'avenue Jean-Jaurès, une artère à quatre voies vibrante de bagnoles et de bus, un monde de bitume poussiéreux dans la chaleur lourde de l'après-midi.

Peu de passants. Pas de femmes. Des hommes assez jeunes, au travail. Certains transportent dans des garages des pièces détachées, des pneus, d'autres livrent des tuyaux dans des hangars, des sacs de ciment, ce genre de choses indispensables qu'on n'a pas tellement l'habitude de côtoyer sur plusieurs centaines de mètres lorsqu'on habite en centre-ville. Dans cet endroit peu fait pour la promenade, on me voit marcher avec un peu de surprise, du moins il me semble. De fait, c'est une route nationale, la RN2, en général les gens prennent le bus. Plus loin, le trottoir s'élargit ; devant des immeubles de béton rendus grisâtres par l'usure et la pollution, on croise à nouveau des piétons. Ados, vieillards, bambins, hommes et femmes déambulent sous de grands arbres trop secs, le long de commerces un peu décatis et tous ouverts, petites épiceries, bazars, cafés-tabacs d'habitués, restaurants tunisiens, pizzerias, kebabs, un Chicken Street, une pâtisserie orientale, une boucherie halal, un magasin de cartes SIM, un salon de coiffure, un atelier de plomberie-électricité. L'été n'a pas encore commencé, déjà le sol est jonché de feuilles mortes que des enfants font bruisser et voler dans la poussière. De l'autre côté de la quatre-voies vrombissante, une longue muraille laisse deviner un espace indéfinissable correspondant à l'ancien fort militaire d'Aubervilliers. Sous un ciel de plus en plus gris et lourd, je rejoins la gare routière et traverse le vaste parking en direction de l'avenue de la Division-Leclerc. Des branches échevelées dépassent d'une palissade, et sur cette palissade s'affichent des dessins que je regrette à présent de n'avoir pas photographiés. Ils ont cette maladresse un peu brutale qui fait, partout et toujours, la puissance des œuvres enfantines. Ils portent des inscriptions à la graphie pataude mais bien lisible et de toutes les couleurs : « Sauvons nos jardins ». Il y a aussi des photos de Valérie Pécresse et d'Emmanuel Macron, avec des slogans pas du tout enfantins qui leur demandent de rendre des comptes. Ici et là un acronyme : « GPA ». « GPA détruit nos jardins », « GPA = Saccage ». Par réflexe, je pense à la gestation pour autrui mais bien sûr ces trois lettres, ici, revêtent un tout autre sens.

À la sortie du parking, me voilà sur l'avenue de la Division-Leclerc, perpendiculaire à l'avenue Jean-Jaurès. Face à la cité dite des Courtillières, formée d'imposantes tours de briques sur des pelouses clairsemées, un grillage protège une haie touffue. Peu après l'arrêt du bus 248, des panneaux artisanaux ont été posés : « Des potirons, pas du béton. » La pluie commence à tomber, quelques gouttes d'abord, puis de plus en plus drue, le tonnerre gronde, il pleut des cordes. Une odeur de terre mouillée fait concurrence à celle du gasoil, des trilles recouvrent par instants la rumeur automobile, j'ai trouvé les jardins. Reste à entrer. Sur une petite porte que ferme un cadenas, une pochette plastique transparente a été accrochée avec une ficelle. Glissée dedans, une feuille sur laquelle on lit ces mots manuscrits, « Jardins À Défendre », avec un numéro de portable. Je suis journaliste, je pressens des histoires à raconter et des conflits à élucider — mais à cet instant, plus que Rouletabille, je crois être Alice au Pays des Merveilles. Je compose le numéro, on me répond. Quelques minutes plus tard apparaît en guise de lapin blanc un jeune homme équipé d'un grand parapluie et d'une petite clé. Il déverrouille le cadenas, referme soigneusement derrière nous.

D'un coup, c'est la campagne. Nous empruntons un sentier boueux assez étroit, bordé d'arbustes, qui bientôt s'ouvre sur… quoi, au juste ? Une clairière, un jardin ? Une datcha, un squat ? Je pense au « jardin extraordinaire » chanté par Charles Trenet, surgissement inouï « dans cette grande ville maussade ». Mais contrairement à l'Éden fantasmé par Trenet, cet endroit-là existe bel et bien, à Aubervilliers, en Seine-Saint-Denis (93). « Extraordinaire » : le mot s'impose, je le retrouverai par la suite dans d'autres témoignages. « La première fois que je suis venu, c'était l'été, j'étais invité à une fête... Cet endroit... J'ai cru rêver, c'était extraordinaire », me dira Ziad, l'un des jardiniers de ce jardin pas comme les autres. Et : « J'oublie les soucis du quotidien. » On dira aussi : « Je suis tombé amoureux. » Ou tout simplement : « Ici, je me sens ailleurs. »

Je crois que cette sensation presque fantastique de passage dans un monde parallèle mérite d'être prise au sérieux. De quoi est-elle faite ? Il y a de hautes herbes, des taillis, des arbres fruitiers, un potager ou peut-être plusieurs, où poussent des potirons oranges et énormes, des plants de haricots, d'immenses rhubarbes aux feuilles nervurées, des tomates, d'autres plantes encore que moi, la citadine, ne saurait pas identifier. Aussi des primevères, des roses. Des oiseaux. Des chaises de récup dépareillées, une corde à linge, des outils de jardinage usagés, une brouette, de vieux cageots emplis d'herbes arrachées, des bassines destinées à la collecte d'eau de pluie, une maison d'enfant ornée d'une tête de cerf en plastique signalent qu'on n'est pas ici sur un shooting pour magazine *lifestyle*. Indisciplinée mais cultivée, la végétation vit sa vie. En fait, la vie foisonne, elle déborde : celle des plantes, celle des animaux comme celle des gens. Joyeuse, un peu bordélique, mais pas sans règles. Pour en arriver là, il a fallu bosser, ce qu'indiquent les plants de haricots, les potirons, les courges, les bottes de paille, les bacs à compost — plus loin, une longue cabane rectangulaire dénommée « La Plage » a été assemblée de bric et de broc pour abriter douches et toilettes sèches. Par ce dosage d'abandon et de soin, l'endroit sort de l'ordinaire : il découpe une petite enclave territoriale dans un ordinaire fait de bitume et de bagnoles, de travail salarié et de marchandises vendues, de bouffe industrielle et de programmes immobiliers. C'est une bifurcation qu'on aurait assez envie d'emprunter, juste là, entre l'avenue Jean-Jaurès et celle de la Division-Leclerc. Vus d'ici, à travers les feuillages, les tours de brique et les immeubles de béton paraissent abriter (ou pouvoir abriter) une vie différente de celle qu'évoquaient tout à l'heure les bagnoles sur quatre voies et les affiches publicitaires. Une ville plus douce, moins férocement compétitive, un Aubervilliers alternatif, ou parallèle. Michel Foucault évoque « des lieux réels, des lieux effectifs (...) qui sont des sortes de contre-emplacements, sortes d'utopies effectivement réalisées », « ces espaces qui forment dans toutes les sociétés un support, un complément, une sorte d'envers du réel »[1]. Il les appelle des « hétérotopies ». C'est ça : la petite porte cadenassée face aux tours des Courtillières ouvre sur une trouée verdoyante dans l'ordre normal des choses.

---

1 Michel Foucault, « Des espaces autres ». Conférence au Cercle d'études architecturales, 14 mars 1967, in *Architecture, Mouvement, Continuité*, n°5, 1984, pages 46 à 49.

2

Remparts de paille

On s'abrite de l'averse sous une bâche nouée avec de la ficelle à des poteaux grossièrement taillés, devant une cabane de planches et de tôle. « Ça sert de cuisine, on peut aussi y dormir », indique mon guide. Autour, quelques tentes Quechua. Devant la cabane récemment augmentée d'annexes de guingois, une table de camping supporte quelques verres, des bières, un pack de jus de pomme, un bloc-notes, un téléphone portable. Trois ou quatre personnes me saluent d'un signe et retournent à leur discussion, assez technique : il est question de zone constructible et de déblais. À côté, sur un bel arbre que même moi suis en mesure d'identifier comme un cerisier, a été accroché un panneau :

« J'ai 30 ans, je veux vivre. »

Partout, des banderoles artisanales : « Sauvons nos jardins — Résistance », « Détruire les jardins

= Détruire les humains ». Et surtout : « Jardins À Défendre », ou « JAD », référence aux « Zones À Défendre », les ZAD. Comme celle qui s'est formée avec succès à Notre-Dame-des Landes, en Loire-Atlantique, pour défendre 1600 hectares de bocage contre un projet d'aéroport. Je suis allée en reportage à Notre-Dame-des-Landes trois ans auparavant. Je repère les similitudes, un certain rapport aux choses, au vivant. Les chaises de récup, les plantes indisciplinées, cultivées plus qu'exploitées. Souci de limiter l'empreinte humaine ou nonchalance ? L'un n'exclut pas l'autre. Certains slogans ressemblent exactement à ceux des zadistes, comme une citation, un hommage. À Notre-Dame-des-Landes, on lisait sur les banderoles : « Nous ne défendons pas la nature, nous sommes la nature qui se défend. » Ici, à Aubervilliers : « Nous ne défendons pas les jardins, nous sommes les jardins qui se défendent. »

D'où vient le danger ? Le jeune homme au parapluie m'explique que cet endroit est en sursis. Aménagés en 1935 sur l'ancienne plaine maraîchère des Vertus, les jardins ouvriers des Vertus sont en partie promis à la destruction. L'adversaire, dit-il, c'est leur propriétaire et maître d'ouvrage, Grand Paris Aménagement, GPA. Rien à voir, décidément, avec la gestation pour autrui. Créée par l'État dans l'euphorie des Trente Glorieuses, l'institution (anciennement dénommée Agence Foncière et Technique de la Région Parisienne, ou AFTRP, acronyme incommode à clamer en manif) se présente sur son site Internet comme « l'un des principaux acteurs de l'aménagement urbain en Île-de-France ». Sur les sept hectares de terres fertiles que comptent alors les jardins ouvriers en ce mois de juin 2021, cet « opérateur historique » guidé, toujours selon son site, par « le sens de l'intérêt général » et la volonté de créer « des quartiers mêlant qualité et respect de l'environnement », compte bétonner 10 000 mètres carrés. Un hectare.

— GPA a menti. Ses porte-parole avaient promis qu'aucune parcelle ne serait touchée par ce projet, ou à la limite deux ou trois, à titre provisoire, pour entreposer le matériel et les gravats du chantier. Au fur et à mesure des travaux, il est apparu que c'était faux. Dix-neuf parcelles[1], toutes louées à titre précaire, doivent être évacuées. Jusque là-bas...

D'un geste ample, le jeune homme désigne l'espace verdoyant de la JAD, de la palissade qui entoure le parking jusqu'aux haies des parcelles préservées, plus loin, en direction de Pantin. Sur 10 000 mètres carrés donc, à la place des arbres fruitiers et des haies vives, le projet prévoit, poursuit mon interlocuteur avec une pointe d'accablement dans la voix, des « logements de standing » censés former un « écoquartier ». Il précise qu'à Aubervilliers, l'une des communes les plus pauvres de France et les moins bien dotées en espaces verts[2], l'investissement ne semble pas répondre aux besoins des habitants. Autre chose encore : alors que se multiplient les canicules, GPA

---

1 Finalement, dix-sept parcelles ont été évacuées, soient 4 000 mètres carrés.

2 Aubervilliers ne compte que 1,30 mètres carrés d'espace vert par habitants au lieu des 10 mètres carrés préconisés par l'OMS.

prévoit un centre aquatique doté d'un « solarium minéral ». Accompagné d'un « spa finlandais » (ou « village suédois », selon les documents consultés), ce dernier équipement doit prolonger la future piscine d'entraînement olympique[1], localisée, elle, sans dommage, à l'emplacement de l'actuel parking.

Le jeune homme résume l'histoire posément, avec compétence. Ses arguments parlent d'eux-mêmes, pas besoin de se laisser emporter par la colère. Comme le jardin, il paraît à la fois échevelé et cultivé — et très certainement, ne veut pas être exploité. Cheveux bruns (peut-être noués en queue-de-cheval, je ne sais plus), barbe. Haute taille, sveltesse. Vingt-cinq ans, pas plus. Visiblement, il a l'habitude de la prise de parole. Il maîtrise ce qu'on appelle en politique les « éléments de langage », égrène les chiffres-clés, mentionne les vingt-deux espèces protégées d'oiseaux qui nichent dans ces jardins, les hérissons, les insectes pollinisateurs, les légumes locaux devenus rares. Moi j'écoute, je prends des notes. À qui ai-je affaire au juste ? Je lui demande son nom, le jeune homme répond :

— Topinambour.

1 Cette piscine, il faut le signaler, n'est pas destinée à la compétition elle-même, mais à l'entraînement des nageurs. La piscine destinée à la compétition, elle, a été construite à Saint-Denis, à côté du Stade de France pour accueillir les épreuves olympiques de natation artistique, de water-polo et de plongeon. Les épreuves classiques de natation de l'été 2024 sont accueillies à Nanterre (Hauts-de-Seine), à Paris La Défense Arena.

Ce n'est pas une blague, c'est un pseudonyme. À Notre-Dame-des-Landes, certains zadistes que j'interrogeais refusaient de dire leur prénom (quant à leur nom de famille, il ne fallait pas y penser). Ils et elles affirmaient s'appeler Camille, prénom mixte qui préservait non seulement leur anonymat, mais encore l'aspect collectif de leur lutte. Ce n'était pas tel ou telle qui s'exprimait, mais eux tous, tous et toutes Camille, et par la voix de Camille, « la nature qui se défend ». J'aime beaucoup ce prénom de révolutionnaire (Camille Desmoulins), de peintre (Camille Pissaro) et de petite fille modèle (Camille de Fleurville dans les romans de la comtesse de Ségur). Je comprends par ailleurs le besoin de se protéger de la police quand on se livre à une occupation illégale, je comprends le désir de souder un groupe. Bref, je suis en la matière extrêmement compréhensive, mais la multiplication des Camille peut prêter à confusion. Ce jour de juin à Aubervilliers, je constate avec soulagement que contrairement à Camille, « Topinambour » n'est pas un pseudo interchangeable. Auprès des jardiniers engagés dans la défense des parcelles menacées, il fera immédiatement écho : « Ah oui, Topinambour ! », me dira-t-on quand je mentionnerai cette rencontre. Ou encore, d'un air appréciateur : « Il est très bien, Topinambour. »

Bon, et qu'est-ce qu'il vient faire là, Topinambour ? Bénéficie-t-il d'une parcelle dans ces jardins ouvriers ?

— Non. Moi, je suis là depuis le 17 avril. J'ai rejoint le Collectif de défense des jardins d'Aubervilliers, créé l'année précédente.

Retour en arrière. En 2020, l'expérience d'un premier confinement a suscité des angoisses sans précédent, mais aussi de grands espoirs. Après ces deux mois aberrants, rien ne sera plus comme avant, croit-on. Parmi ceux qui peuvent se le permettre, certains ont mûri des projets de résidence secondaire et de télétravail. Dans les milieux que, pour le dire vite, on peut appeler alternatifs, on veut croire à un changement autrement plus ambitieux. Plus radical. Le spectacle des rues vides, des banques fermées et des centres commerciaux désertés fait rêver à ce qui pourrait les remplacer. Pas question de laisser la fenêtre se refermer, pas question de laisser « se réemballer la machine productiviste ». Une formule résume alors ce désir : « Nous ne voulons pas de retour à l'anormal. » Le monde a déraillé, pour la première fois la « machine infernale » s'est arrêtée, l'occasion est trop belle, il faut la saisir. D'où l'appel à « agir contre la ré-intoxication du monde » à partir du 17 juin 2020. Sur le terrain, des manifs, bien sûr, mais pas seulement. La tactique suggérée consiste à bloquer physiquement les chantiers les plus polluants. Les auteurs de l'appel mentionnent à titre d'exemples, sans prétention à l'exhaustivité, « les cimenteries, les usines de pesticides, les plateformes Amazon qui s'implantent sur des terres arables », et d'une façon générale « la destruction de forêts ou de prairies »... Il faut empêcher ces travaux par une présence militante. Lancé depuis le bocage nantais et relayé un peu partout en France, l'appel est renouvelé pour le 17 novembre, puis pour le 17 avril de l'année suivante. Voilà pourquoi le jeune homme au pseudo végétal se tient les pieds dans la boue, la tête frôlant les feuillages d'un cerisier plus vieux que lui.

— À Aubervilliers, le 17 avril, on était huit-cents à manifester. Ce jour-là, beaucoup de gens ont pu accéder aux jardins pour la première fois. Moi aussi, j'y suis entré pour la première fois.

Importance des premières fois.

— ... Je suis étudiant à l'université de Saint-Denis, près d'ici. J'ai commencé une thèse de sciences politiques. Je m'informe sur ce qu'il se passe. Par exemple, à Gonesse, au mouvement contre le centre commercial géant Europa City et contre la gare du Grand Paris Express. Je fais des recherches. Je m'implique. À Saint-Denis aussi, il y a des mobilisations. Contre le village des médias, destiné à accueillir des journalistes pendant deux semaines lors des Jeux olympiques de 2024. Il doit être construit dans le parc Georges-Valbon. Un bâtiment en dur. Pour quelques semaines, on aurait pu concevoir une installation provisoire... Mais non. On va abattre des arbres, bétonner des terres. Ici, c'est pareil.

Topinambour montre les jardins et de l'autre côté, dissimulé à notre vue par des taillis et par un petit bois assez dense, le fort d'Aubervilliers.

— ... Ici, GPA veut construire un éco-quartier de 1800 logements. Là, derrière le fort, et jusque sur les jardins.

Un éco-quartier ? Tout à l'heure, avant de rentrer chez moi, je longerai brièvement, sur le trottoir d'en face, la toujours vrombissante avenue Jean-Jaurès. Je m'arrêterai au niveau du fort. Sur les palissades entourant la zone dite d'aménagement concerté Fort d'Aubervilliers (zone immense, me semblera-t-il), je contemplerai des affiches de quatre mètres par trois. Je les fixerai comme si une lecture attentive allait me livrer entre les lignes la vérité de ce qu'il se joue ici. Elles présenteront en vert un plan du futur site, qu'accompagneront ces mots :

« Fort en projets ! Un vent de renouveau souffle sur le "Fort d'Auber" ! Ce lieu historique va devenir un nouveau lieu de vie pour les Albertivillariens, ouvert à tous. En un mot, un quartier qui nous ressemble... et nous rassemble. »

Certaines lettres auront été masquées par de petits tracts en noir et blanc qui démentiront le joyeux unanimisme du message :

« BRÛLE — Fini de jouer »

Plus bas, après les mots « logements »... « groupe scolaire »... « crèche »... « espaces verts », je lirai ces termes tranquillement prédictifs que je retranscris à présent, car c'est là que se heurtent de la façon la plus flagrante deux visions d'un même espace, celle du collectif de défense des jardins et celle des aménageurs urbains :

« La seconde phase, sur les secteurs Cœur de Fort et Gare, s'articulera autour de la future gare de la ligne 15 *et du futur centre aquatique.* »

À retenir : un « centre aquatique ». Pas simplement une piscine. Spa, solarium. Le spa et le solarium, parfois appelés village finlandais, « avec Hydra Splash », lit-on aussi, devront s'étendre sur l'espace déjà évacué par les jardiniers, espace qu'occupent ce jour de juin et pour quelque temps encore Topinambour et les autres, qui se dénomment Vingt, Fleuve, Youn ou Colibri. Ce monde parallèle s'étend sur 4000 mètres carrés verdoyants. C'est peu pour un monde parallèle, beaucoup pour un solarium. C'est l'enjeu immédiat de la bataille, et le sujet de ce livre.

Quand je prendrai le métro à la station toute proche, Fort d'Aubervilliers, en franchissant le portillon, je penserai à cette affaire d'hétérotopies, ou de mondes parallèles. Arrivée sur le quai, je verrai d'autres affiches quatre par trois. Elles montreront de jolis immeubles bas avec des balcons au milieu de la verdure. Je lirai ces mots, presque un haïku :

« NOUVEAU/À AUBERVILLIERS/À 5 MINUTES DE PARIS
Devenez propriétaire
D'un appartement
En bois et bas carbone
Au cœur d'un nouveau quartier
TVA réduite
5,5 % »

J'anticipe. Je n'ai pas encore quitté le cerisier trentenaire, la cabane à auvent, les haies où nichent les étourneaux. Jardins ouvriers des Vertus, ou JAD, ou encore Zone d'aménagement concertée Fort d'Aubervilliers, je ne sais plus comment l'appeler. Le nombre d'appellations concurrentes dit la bataille qui s'y livre.

— Moi, dit Topinambour, je fais partie du public que cible l'éco-quartier. J'habite Saint-Denis, je suis diplômé de l'enseignement supérieur, je coche toutes les cases. Alors je suis venu ici, justement, pour dire que ce projet ne m'intéresse pas. Un éco-quartier avec solarium, construit sur des jardins ouvriers, ça ne m'intéresse pas. Ce projet s'inscrit dans la logique du Grand Paris : amener dans les quartiers populaires une nouvelle population de classes moyennes supérieures. Aménager le territoire pour l'embourgeoiser. Après les travaux ici, quand tout aura été rasé, quand tout sera… « propre »… il y aura des programmes immobiliers, des plans d'accession à la propriété. Ça me choque encore plus après la pandémie, après l'expérience des confinements. Parce que ces jardins, pour ceux et celles qui en prennent soin, et pour les riverains, c'est une bouffée d'air… C'est la possibilité de cultiver des légumes, de se nourrir bien quand on n'a pas d'argent… Dans un quartier ultra-dense, c'est un îlot de fraîcheur… On nous parle tout le temps de mixité sociale. « Mixité », les aménageurs et les élus n'ont que ce mot à la bouche. Mais la mixité, elle est ici, dans ces jardins qui sont des lieux de lutte ! Moi, ce qui m'intéresse, c'est ce qu'on fait ici.

Topinambour montre la cabane-cuisine, le potager. Puis il m'emmène voir une profonde excavation terreuse à côté des plants de haricots.

— Attention, ça glisse ! On a creusé ici pour construire des fortifications en terre-paille.

Le « jadiste » (c'est ainsi que s'appellent les occupants des jardins à défendre) se tourne en direction du parking, où doit être construite la piscine d'entraînement olympique pour les JO de 2024. Contre la palissade qui marque la frontière entre les jardins et l'actuel parking ont été alignées des bottes de paille compactes, ou plutôt de terre-paille, des cubes de un à deux mètres de haut, presque autant de large. Rétrospectivement, ils me paraissent très gros, même si leur facture artisanale, les brins de paille bien visibles et la terre humide m'empêchent de les prendre complètement au sérieux. Topinambour m'explique que ce rempart fabriqué à la main doit permettre de bloquer l'avancée des engins de chantier. Vraiment ? J'en doute. « Pot de terre contre pot de fer », dit le proverbe. De vieilles certitudes font résurgence en moi, ancrées dans l'enfance. La maison de paille balayée d'un souffle par le loup dans le conte des trois petits cochons. Mais en réalité, ces fortifications bio présentent de solides atouts. À défaut de pouvoir résister aux bulldozers, elles permettront aux occupants de gagner du temps. Elles manifestent leur détermination. Le jour venu, elles forceront la partie adverse à révéler son jeu, c'est-à-dire déployer les grands moyens pour s'introduire dans les jardins. C'est fait exprès. Les bulldozers, la police, les expulsions *manu militari* ternissent forcément l'image idyllique d'un éco-quartier censément « exemplaire du point de vue du développement durable » et « ouvert sur la ville ». Le rempart en terre-paille est une arme de communication astucieuse. C'est de bonne guerre. Guerre ? Avec plusieurs coups d'avance, Topinambour semble lire dans mes pensées.

— Est-ce qu'il faut seulement opposer de la résistance, ou bien assumer une confrontation physique plus offensive ? C'est un débat entre nous, c'est ouvert, on discute... Bon, il n'y a pas que ça. On a installé des grandes tables, on organise des banquets pour tout le monde, les gens du quartier ou d'ailleurs. La fête, le partage, ça crée du collectif. Quoi d'autre ? On recueille des récits de vie des jardiniers. Témoigner les liens qui se sont tissés sur ces lieux, c'est important. Ça fait aussi partie de la lutte.

Autant le dire, parce que de toute façon ça va finir par se voir : j'ai envie que cette lutte triomphe.

Est-ce possible ?

Si oui, comment ? Côté pot de terre : une lutte, c'est du désir, de l'énergie, du temps, de l'intelligence. De l'organisation et de l'élan. Avant tout, des gens. Topinambour et d'autres. Qui porte ce combat inégal ?

Il faut voir.

— Eh bien, merci, Topinambour ! Je vais faire un tour...

3

Le fataliste

En quelques pas, je laisse derrière moi la JAD. « La » JAD, oui, parce que les « Jardins à Défendre » récusent le masculin pluriel, ils se genrent au féminin et se conjuguent au singulier, comme une ZAD. L'Académie s'en choquera peut-être mais peu importe, cette bizarrerie grammaticale reflète l'exception végétale et politique.

Moi, je veux voir ce qu'il y a au-delà : les jardins, avant qu'on ait à les défendre. Tournant le dos aux remparts de paille, j'emprunte un sentier vers le sud-est, en direction de Pantin, jusqu'aux parcelles que ne menace (pour le moment) aucun projet d'aménagement et qui, par conséquent, ne donnent lieu à aucune occupation militante.

Le chemin file entre deux haies – l'une, à ma droite, plantée en contrebas du sentier sur un terrain qui descend, laisse voir une masse obscure, le fort, ou plutôt les douves du fort que protège un taillis fait d'arbres souples et de broussailles, un entrelacs végétal. Sur les bords du chemin rendu boueux par la pluie récente poussent des herbes ou plantes herbacées diverses, et des fleurs – pissenlits, coquelicots et autres. Moi, les plantes, ce n'est pas mon truc. Enfin, si, j'aime cette forme de vie si différente de la nôtre, cette vitalité immobile. Mais comme beaucoup de citadins, je ne sais généralement pas reconnaître les espèces, ni les nommer. Les gens de la JAD trouvent que cette ignorance crasse fait partie du problème, parce qu'on détruit plus facilement ce qu'on ne sait pas voir. Alors ils organisent des visites. Beaucoup plus tard, j'assisterai à l'une d'elles, à un moment où il n'y aura plus de JAD mais toujours un collectif de défense des jardins ouvriers des Vertus. Viviane, une jardinière membre de ce collectif, ethnobotaniste en formation, montrera les plantes qui poussent dans les interstices, les plantes sauvages qu'elle préfère appeler libres, non-domestiquées. Là où je ne vois que des touffes d'herbes plus ou moins hautes et plus ou moins feuillues, Viviane désignera un lamier, dont les petites feuilles ressemblent un peu à celles de l'ortie, puis une clématite grimpant le long d'un grillage. À nos pieds en bordure du chemin, une blette sauvage aux feuilles vert et blanc, plus loin du plantain lancéolé que l'on peut, paraît-il, manger en salade, ailleurs une haute pousse d'euphorbe. Je noterai ces mots dans un petit carnet. Mais pour le moment, en cet après-midi de juin, je me contente de humer l'odeur de la terre mouillée, de regarder les arbres, les graminées sans nom, les feuillages indistincts, les fleurs, les papillons, les coccinelles. Je cherche des repères d'un autre ordre.

De part et d'autre du sentier, les parcelles n'ont pas dû beaucoup changer depuis 1935. Cette année-là, un certain Chalumeau, un socialiste d'Aubervilliers, fait aménager au nord de l'ancien fort des parcelles cultivables et crée pour les gérer la société des jardins ouvriers des Vertus, qui porte toujours ce nom aujourd'hui et remplit les mêmes fonctions. La société, en réalité une association, loue le terrain à la mairie, et accorde à ses membres l'usage de chaque parcelle moyennant une redevance modeste, aujourd'hui entre quelques dizaines et une centaine d'euros par an, selon la superficie. Ni locataires, ni propriétaires, les jardiniers, adhérents de l'association, sont en quelque sorte les usagers de leur terre. À l'origine de l'initiative, j'imagine, en miniature, un élan comparable à celui qui mènera l'année suivante à la victoire du Front populaire, à la grève générale, aux premiers congés payés. L'été 1936. Les jardins ouvriers d'Aubervilliers offrent-ils l'équivalent historique des carottages que pratiquent les géologues pour accéder aux états passés du sol ? Une capsule d'un temps révolu partout ailleurs, resté ici intact ? Souvenirs de films d'actualité en noir et blanc lumineux : pique-niques, plages, foules en fête, enfants qui courent dans le sable, corps découverts au soleil. Souvenirs des mots que prononçaient d'une voix nasillarde les commentateurs de ces actualités anciennes : « Pour la première fois... » (puissance addictive des premières fois). Il y a un peu de ça, sans doute, autour des cabanes que je devine à présent derrière les haies.

Sous leurs tonnelles ou celles qui les ont précédées, on a sans doute entonné *Le temps des cerises*, la chanson des communards. On a bu un bon coup et fait l'amour sous les glycines. Quelques silhouettes derrière les haies s'intègrent aussitôt à ma rêverie. Je siffloterais bien *Le temps des cerises* pour saluer à travers les décennies les jardiniers d'aujourd'hui et ceux d'autrefois, dont on peut voir les photos un peu guindées dans les archives de la Société d'histoire d'Aubervilliers — hommes d'antan en chemises, femmes en robes fleuries, jeunes enfants habillés d'un blanc resplendissant au milieu des mottes de terre...

En réalité, le passé apparaît aussi enchevêtré que les arbustes et les ronces épaisses qui font des douves de l'ancien fort, à ma droite, une petite jungle. D'abord, ce jovial Chalumeau qui avait choisi de domicilier l'association des jardins ouvriers des Vertus au bistrot du Bon Accueil, avenue Jean-Jaurès, masque une figure autrement plus célèbre et plus sombre, celle de Pierre Laval. Au mitan des années 1930, Laval ne sait pas encore qu'il deviendra le numéro deux de Pétain, pilier du régime de Vichy et collaborateur zélé de l'occupant nazi. C'est un homme politique au parcours oblique qui a quitté les rangs de la SFIO une dizaine d'années auparavant pour devenir un socialiste dissident, puis plus socialiste du tout, mais ambitieux, ça oui, et de fil en aiguille, le bonhomme en vient à occuper la fonction de ministre des Affaires étrangères dans un gouvernement de droite. Il va rencontrer Mussolini à Rome, Staline à Moscou, et Göring, l'envoyé de Hitler, à Cracovie, avec une idée fixe :

éviter la guerre. Quel rapport avec les jardins, direz-vous, est-ce qu'il n'y a pas moyen de parler de ces jardins sans parler de guerre ? Non, pas moyen. Parce qu'en 1935, Pierre Laval, en plus de ses fonctions gouvernementales, est depuis une dizaine d'années déjà député de Seine-Saint-Denis et maire d'Aubervilliers (il le restera jusqu'à la Libération). C'est à l'instigation de cet homme-là que sont créés les jardins des Vertus. Voilà, il faut le savoir. Ça n'empêche pas d'entendre de part et d'autre du chemin creux, derrière les branches chargées de fruits encore verts, l'écho lointain du *Temps des cerises*. Ni surtout d'entendre ce que disent les jardiniers d'aujourd'hui...

La soixantaine, grand, costaud, visage buriné et avenant, un homme marche dans ma direction. Il porte un arrosoir, ou un seau, ou un sécateur, peut-être tout ça à la fois, et s'apprête à pousser la petite barrière qui donne accès à sa parcelle. On discute. Carlos Terrivel parle d'une voix grave et bien posée avec un léger accent portugais. Il me fait entrer dans son domaine, quelque 250 mètres carrés bien tenus, plus nettement divisés et labourés que ne le sont les cultures du côté de la JAD. Il y a des plants de fraisiers, un citronnier porteur de beaux citrons jaunes, vers la porte un figuier. Aussi une cabane équipée d'un meuble-bar, avec un barbecue, des chaises dépareillées. Carlos arrose ses fraisiers, puis on s'assied sous l'auvent.

— Ici, c'est ma parcelle. Je suis là depuis six ou sept ans. Je paie 48 euros par an. Avant, j'avais une autre parcelle un peu plus loin, du côté de Pantin.

Ma maman y était avant moi. On aime la terre, on aime manger ce qu'on cultive. Regardez-moi ces fraises ! Bon, elles sont encore un peu vertes, mais revenez donc dans quinze jours ou trois semaines... J'ai aussi des haricots, plein, j'en fais des conserves. Et ce figuier, je l'ai planté il y a deux ans, à l'automne il donne des figues blanches et violettes, les plus belles !... Ce jardin, c'est une partie de moi. Pendant trente-quatre ans, j'ai travaillé comme salarié chez un fabriquant de cuisines pour la restauration, à Saint-Denis. Je faisais de la soudure, j'installais des fourneaux professionnels. J'habite à Aubervilliers. Le jardin, j'y venais le week-end, quelquefois dans la journée quand je pouvais, après le boulot... Quand y a eu le Covid, en principe on ne pouvait plus venir, mais bon, on venait quand même, il fallait bien tailler, arroser... Ensuite, au travail, ils ont commencé à me pousser vers la sortie. Un peu trop. J'ai soixante-deux ans, j'avais les points qu'il fallait, alors j'ai pris ma retraite. Depuis, je viens travailler au jardin presque tous les jours. Ça fait du bien. Je vis seul. Qu'est-ce que je vais faire ? Rester seul à l'appartement ? Ici, il y a la convivialité, les copains. On se croit à la campagne. Au printemps on se fait des barbecues, c'est sympa. On refait le monde, on boit un coup. On mange un fruit sur l'arbre.

Carlos Terrivel m'offre quelques fraises précoces. Délicieuses. J'aimerais recruter cet homme dans ma mythologie ouvrière personnelle à côté des images d'archives de l'été 1936, celles qui font voisiner combativité sociale et balades au soleil. Ces jardins qui nous entourent forment un territoire disputé, ils donnent lieu à un affrontement politique et idéologique, Topinambour vient de le montrer. Avec ses slogans poétiques et ses remparts de paille, la JAD occupe les terrains tout proches, et même si les 250 mètres carrés de Carlos ne sont pas « impactés » (c'est le mot qu'il a employé) par le projet de centre aquatique, je le présume vent debout, poing levé contre les aménageurs, en lutte aux côtés des jadistes. Bref, l'opposition d'un ouvrier amateur de jardinage à la destruction de jardins ouvriers me paraît aller de soi. Or, non. Du moins, pas encore, pas ce jour de juin 2021. Quand j'évoque la destruction annoncée de 4000 mètres carrés, 15 à 20 parcelles peu ou prou semblables à la sienne, Carlos hausse les épaules, sourit avec philosophie.

— Oh, vous savez, faut pas se leurrer... Je crois que dans quelques années, on va tous y passer. Qu'est-ce qu'on peut y faire ? C'est comme ça. Quoi, la JAD ? Ah, les jeunes, à côté... (*Il secoue la tête, l'air navré.*) Un jour ou l'autre, un promoteur va nous arriver dessus avec un gros chèque. On va tous sauter. Ils vont construire des immeubles avec des petits jardins individuels. Comme là, en face...

Là, en face, le jardinier préssent un avenir aussi étranger qu'inéluctable. Le futur éco-quartier promu sur des affiches de quatre mètres par trois. Les immeubles de bureaux encore dans les limbes des bureaux d'études. D'un geste un peu désabusé, Carlos Terrivel désigne, au-delà des douves et des broussailles, la masse sombre du fort.

4

Le vice-président

Trois mois avant le geste las de Carlos Terrivel, les jardiniers des Vertus ont voté. Les 6 et 8 mars 2021, alors que pointent les premiers bourgeons, ils ont tenu deux assemblées générales sur la parcelle collective, celle qui, couverte de pâquerettes, sert aux réunions de l'association. C'est Grand Paris Aménagement, propriétaire des lieux, qui a pris l'initiative du scrutin et qui, au sens propre comme au figuré, a préparé le terrain. Les urbanistes ont repéré dans le prolongement des jardins, en direction de Pantin, un petit bois. Un ancien terrain de foot envahi d'herbes hautes, d'acacias et autres arbustes non domestiqués. Un de ces interstices urbains sans fonction assignée, oublié des hommes et qui, le temps passant, accueille plantes et animaux. Les oiseaux viennent y nicher, les insectes butinent les fleurs sauvages. Ces lieux indécis, le botaniste Gilles Clément les appelle « les délaissés » ou « le tiers-paysage », il y voit de précieux refuges de biodiversité, mais il sait que les urbanistes, aménageurs, élus et promoteurs immobiliers s'accordent presque immanquablement sur l'opportunité de les faire disparaître. C'est bien ce que prévoit Camille Vienne-Théry, la directrice du projet d'aménagement du Fort de GPA. Depuis quelques mois, la jeune femme arpente les sentiers des jardins ouvriers. Situés dans les glacis du fort, ils sont placés sous sa responsabilité. Détruire des parcelles cultivées depuis des années, parfois des décennies, c'est embêtant, ça peut déplaire, Camille Vienne-Théry en a conscience. Elle a pris des mesures, serré des mains. Pour convaincre les jardiniers d'abandonner leurs arbres et leurs cabanes, elle leur propose de « déménager », c'est le mot qu'elle emploie. Un mot commode. Plutôt que la destruction, c'est-à-dire les arbres arrachés, les haies saccagées, les plants rasés, les nids détruits et la terre bétonnée, il évoque un simple déplacement, voire un renouveau. C'est le deal. Les parcelles, propose Camille Vienne-Théry, seront « compensées » (autre vocable prisé des aménageurs), et au mètre carré près, soyez-en sûrs, on a mesuré — elles seront compensées, donc, sur des terrains situés dans la continuité des jardins ouvriers, quelques centaines de mètres au sud-est. Pour faciliter le « transfert » (les guillemets s'imposent à nouveau, il faut souligner que le mot ne va pas de soi quand il est question de terres), eh bien, GPA s'engage à aider les jardiniers. Les arbustes transportables seront transportés aux frais de l'établissement public, en même temps que les outils de jardinage, promis, que demander de plus ? L'adduction d'eau ? Vous l'aurez aussi, allez, on mettra des canalisations. Alors, c'est bon, vous êtes d'accord ? C'est sur cette question, en substance, que se prononcent les jardiniers réunis en assemblée générale.

Sur les quatre-vingt-sept jardiniers de l'association des Vertus, trente n'ont pas pris part au scrutin. À quoi bon jouer le jeu, à quoi bon s'engueuler en AG avec les potes, perdre son temps à glisser un bulletin dans une urne, puisque c'est plié et que de toute façon, un jour ou l'autre, on va tous y passer ?... Surtout quand sa propre parcelle n'est pas immédiatement concernée par les travaux... Parmi les cinquante-sept personnes présentes, six s'abstiennent, onze votent contre la proposition, trente-trois pour. Voilà, c'est d'accord, vous pouvez y aller, disent-ils à GPA. Tope-là, marché conclu, prenez nos parcelles, on déménage.

Pourquoi ?

Je n'ai pas assisté aux assemblées de mars 2021. Je pose la question après coup à ceux qui s'insurgent — dont certains disposent d'une parcelle de jardin, et d'autres, comme Topinambour, se sont engagés simplement par conviction. Je les rencontre au fil des mois, lors d'une réunion publique ou en tête-à-tête.

— C'est vrai qu'il n'y a pas eu beaucoup de jardiniers pour défendre les jardins...

— Depuis quelques années, les anciens ici avaient entendu parler des travaux, alors ils ont anticipé, ils ont échangé leur parcelle menacée contre une autre préservée.

— Moi, ma parcelle, je l'ai quittée le plus tard possible, pas un jour avant la date limite imposée par GPA pour l'évacuation. J'étais pour la lutte. Mais mon voisin, celui qui m'a fait découvrir ces jardins, non. C'est un biologiste, un universitaire. Il est pour Macron. Quand il parlait des jardiniers virés de leurs parcelles, il disait : « Oh, ils ne sont pas malheureux ! »

— Au début, le Bureau de l'association des Vertus a organisé une manif pour défendre les jardins. Au début. Ensuite, beaucoup de gens sont passés du côté du manche.

— Humainement, c'était dur.

— Carlos ? Oh, lui, ça va. Plutôt sympa. Mais certains se sont montrés carrément hostiles...

— Je connais un jardinier qui faisait partie du Bureau, il était hyperconformiste.

— Moi, je crois que GPA les a corrompus... Tout simplement. Il y a de l'argent derrière.

— Dans les classes populaires, on ne s'engage pas si facilement dans l'action militante. Surtout quand on est racisé. Bon, les raisons sont assez documentées... Les gens ont peur de s'exposer. Ils ont des horaires épuisants et gardent leur temps libre pour se détendre. Ils ont l'habitude de subir, ils s'adaptent aux contraintes. Ils ne se sentent pas légitimes pour contester l'autorité. Ils ne croient pas que ça puisse marcher.

— Ces jardins, pour eux, c'est du repos. Ils sont fatigués, ils n'ont pas envie de lutter.

— Quand on a dû dire « oui » toute sa vie au boulot, on a du mal à dire « non ».

— J'ai fait partie du Bureau de l'asso, j'y étais entré justement pour défendre les jardins menacés. Je les ai quittés parce qu'ils se montraient trop soumis, collaborationnistes.

— Moi, naïvement, j'ai d'abord cru que l'association serait dans la lutte. Quand on a appris que des parcelles devaient être détruites, j'ai proposé une réunion aux responsables du Bureau. Ils m'ont répondu de façon un peu méprisante : « Si vous voulez y aller, allez-y. Mais l'association ne s'engagera pas avec vous. On reste dans le partenariat avec GPA. » Beaucoup de jardiniers n'ont pas fait d'études, ils exercent (ou ont exercé) des boulots subalternes. Je crois qu'organiser avec GPA le calendrier pour évacuer les parcelles, eh bien, ça leur donne de l'importance. Oui, ça les flatte. Le président du Bureau[1], lui, est agrégé de physique, je crois, quelque chose comme ça. Son cas est un peu différent... N'empêche. Quand il discute avec les urbanistes sur un pied d'égalité, ou ce qu'il croit être un pied d'égalité, il se sent proche du pouvoir.

— Il s'appelle Philippe Fretté. Philippe, comme Pétain !

— Tiens, le voilà qui passe dans l'allée... Il fait semblant de ne pas me voir. Je le déteste, c'est physique !... Au fond, non. Je m'en fous.

Résistants, collabos : toute lutte, en France, fait ressurgir ces fantômes-là.

Ceux qui, à la tête de l'association des Vertus, refusent activement la lutte, ces jardiniers que les autres voient dans cette histoire comme les collabos, que disent-ils ? Que pensent-ils ? Je veux entendre

---

1 Il sera président du Bureau jusqu'au début de l'année 2023.

leurs raisons, celles qu'ils allèguent, peut-être en deviner d'autres.

Philippe Fretté n'a jamais répondu à mes messages. Mais je rencontre Gérard Muller. Alors vice-président du fameux Bureau, on peut le considérer, par jeu, comme le numéro deux d'un pays minuscule, sous domination impériale. Comme les protectorats autrefois, l'association des jardins ouvriers des Vertus est un petit territoire sous tutelle (celle de GPA). Restent les signes extérieurs de la souveraineté, les institutions locales, le gouvernement fantoche, les dignitaires forcément attachés à leurs prérogatives. GPA pourrait confier la gestion des jardins à la mairie, ou à une autre instance que l'association — de la même façon, les puissances coloniales pouvaient choisir de remplacer tel roitelet autochtone par un autre, plus docile. À l'instar des élites colonisées, les membres du Bureau de l'association se sentent en situation précaire.

Il fait froid, il pourrait pleuvoir, alors par commodité j'ai proposé un rendez-vous à couvert, au café Casanova, avenue Jean-Jaurès. Face au Fort, ce bistrot d'habitués se situe à quatre minutes à pied de l'entrée des jardins. Des ouvriers en tenue de chantier viennent y boire un verre, des retraités passent leur journée à discuter avec les copains en français, en arabe, en kabyle et sûrement dans plein d'autres langues. On remplit des grilles de loto. On boit des cafés, on grignote des cacahuètes. Pendant le ramadan, on vend parfois de petits gâteaux artisanaux à base de cacahuètes, de miel et d'eau de fleur d'oranger, à emporter pour déguster à la rupture du jeûne. Comme partout sur la Terre, on regarde longuement son smartphone. Parmi les clients, je n'ai jamais vu que des hommes, mais ce rade populaire est tenu par deux femmes, toutes deux énergiques et souriantes. Femmes alertes, hommes fatigués. Peut-être le Casanova a-t-il succédé au Bon Accueil où le facétieux Chalumeau avait initialement domicilié l'association des Vertus. L'idée me plaît. C'est toujours là que je fais halte en sortant du métro quand je me rends aux jardins. Mais pas Gérard Muller visiblement, qui arrive avec une bonne demi-heure de retard, essoufflé et confus, l'air un peu perdu. Lui qui habite Aubervilliers depuis un demi-siècle a eu du mal à trouver son chemin. Il a demandé à des passants qui l'ont envoyé rue Casanova, un kilomètre et demi plus loin, puis il m'a appelée, je lui ai renvoyé l'adresse, ajouté le plan, il a fait demi-tour, marché un quart d'heure, et au terme de ce qui semble être un périple, le voici, cheveux gris un peu longs, crâne dégarni, regard clair. Gérard Muller précise qu'il n'a pas l'habitude de venir dans ce café. Il le répétera plusieurs fois au cours de notre entretien. J'entends qu'il se distingue ainsi de ceux qui le fréquentent. Parce que ce sont des ouvriers, des artisans, en tout cas des travailleurs manuels (ou d'anciens travailleurs manuels) et que lui, Gérard Muller, s'est élevé au-dessus de cette condition ? Parce qu'il est blanc, comme moi d'ailleurs, et que les autres clients, autour de nous, pour la plupart, ne le sont pas ? Son insistance exprime quelque chose de cet ordre, comme s'il disait : « Oh, moi, vous savez, je ne fraye pas avec ces gens-là. » Comme s'il avait peur que j'aille le confondre, lui, avec eux, les placer sur le même pied. Ses responsabilités à la tête de l'association lui tiennent à cœur. Elles le valorisent. Du moins c'est ce que je perçois, comme dans une chanson un thème récurrent. Gérard Muller mentionne un SDF qui a investi une cabane de jardin, évoque ensuite avec réprobation les parcelles « pas entretenues », « mal tenues » : « On lutte contre ça. » Au détour d'une phrase : « Il y a 136 nationalités à Aubervilliers... Certains jardiniers abandonnent leur parcelle pendant les mois d'été, quand ils rentrent au pays. » Relisant les notes prises ce jour-là, il m'apparaît que la peur de cet homme — son sentiment de vulnérabilité sociale, sa gêne fondamentale — explique son choix de se placer du côté prestigieux des autorités officielles. Un biais légitimiste, en quelque sorte. Pour le moment, on commande un allongé, un déca.

— Je n'aime pas le béton. Depuis vingt ans, j'ai une parcelle dans les jardins. Dans une ancienne vie, j'étais mécanographe au centre administratif de la BNP, à Barbès. C'était avant les ordinateurs ! Je classais des cartes perforées. Il y avait beaucoup de monde, quatre mille personnes bossaient là. J'ai commencé à dix-huit ans, le 10 mai 1971. Dix ans avant un autre 10 mai...

Sur le site Internet de BNP-Paribas, on trouve trace des mécanographes. Quelques explications illustrées d'anciennes photos. Des techniciens en noir et blanc se livrent à des tâches énigmatiques derrière des machines où s'enroulent de longs câbles. Des kilomètres de papier sortent d'une tabulatrice Bull BS 120. Gérard Muller vient d'un monde disparu. Passé quarante ans, tout le monde vient d'un monde disparu, mais certains, portés par les élans renouvelés du présent, l'oublient. D'autres en restent marqués. Gérard Muller a exercé un métier disparu. Il fait partie de ces gens dans la mémoire de qui la victoire de François Mitterrand à l'élection présidentielle le 10 mai 1981 reste à jamais un appel d'air, un espoir. Il est de gauche, du moins il l'a été et se pense toujours tel. Il veut que ça se sache. Au fil de l'entretien il sème des indices pour le manifester : le 10-Mai, le théâtre de la Commune. Ces références lui offrent un ancrage, un lieu imaginaire où il se sent chez lui. Elles tiennent lieu d'engagement.

— ... Quand le nouveau gouvernement socialiste a créé le Fongecif, pour la formation professionnelle, j'en ai profité. Quatre heures par semaine, de 9 h 30 à 12 h 30, j'allais suivre des cours de théâtre à la fac, Paris 8, à Saint-Denis. Puis je prenais ma mobylette pour aller au boulot, à Barbès. Avec la maîtrise de théâtre, j'ai été engagé douze heures par semaine au conservatoire municipal de Drancy. En 1993, la BNP a été privatisée, je suis parti. J'ai fondé une troupe de théâtre, la Compagnie lunatique. On a joué à Avignon une pièce sur la vie de Sarah Bernhardt ! Le soir, à Aubervilliers, j'allais voir les spectacles du théâtre de la Commune... En 2002, j'ai obtenu une parcelle de jardin. Puis, je suis licencié brutalement du conservatoire par Jean-Christophe Lagarde[1]. Viré pour faute grave, simplement pour avoir demandé la titularisation des vacataires. Après, je suis allé aux prud'hommes, Lagarde a perdu. Mais moi, j'ai morflé socialement. À l'époque[2], les Moulinex s'étaient battus pour échapper aux licenciements... Pour rien. Ils ont viré 3300 personnes. Moi, j'étais assez lucide. Personne n'en a rien à foutre, d'un prof au conservatoire. J'avais quarante-deux ans. La déprime... Ah, je peux vous dire que le jardin m'a sauvé ! Le rapport à la terre m'a beaucoup aidé. Il y a quelque chose de psychosomatique, c'est très étrange... À ma mort, je voudrais que mes cendres soient dispersées autour de mon cerisier. Mais ma parcelle est touchée par le projet de gare... Je ne peux même pas me projeter[3]... Bon, dans l'immédiat, ce qui est sûr, c'est que les jardins ouvriers, ça aide à boucler les fins de mois. Ça offre un complément de salaire ou de pension. Moi, j'ai des noix et des échalotes, je les conserve très longtemps.

Pour Gérard Muller et les autres jardiniers, les premières menaces sur les jardins apparaissent autour de 2019 en la personne d'Anthony Daguet, adjoint de la maire communiste d'alors, Meriem Derkaoui, responsable de la vie associative.

---

1 Jean-Christophe Lagarde est alors maire centre-droit de Drancy.

2 Cette mobilisation avait eu lieu en 2001.

3 Avant le projet de centre aquatique, c'est la construction d'une gare du Grand Paris Express qui, au moment où se tient cet entretien, menace de détruire de nouvelles parcelles de jardins.

— Daguet est venu nous dire qu'une partie des jardins allait sauter. À cause du chantier de la piscine olympique et de la future gare du Grand Paris Express, les deux. Avant, la maire nous avait parlé de deux ou trois parcelles impactées, pas plus. Ou quatre... Daguet, lui, nous a dit : ce sera une vingtaine.

— Vous n'avez pas envisagé de vous y opposer ?

— Si, mais... On voulait négocier. Et on a obtenu un accord avec GPA ! Il a été adopté à la majorité. À bulletin secret. Le vote s'est tenu le 6 mars 2021. Chaque jardinier impacté a eu droit à une compensation, une parcelle côté Auber ou côté Pantin. Certains ont même eu les deux ! GPA promettait de prendre en charge l'aménagement d'une cabane individuelle sur chaque parcelle, et l'arrivée d'eau. Ça oui, ça les a convaincus, les jardiniers. Bon, après, je sais bien qu'au niveau sociétal, on y perd. C'est comme un glissement de terrain...

Ce qu'admet l'alors vice-président de l'association des jardins ouvriers des Vertus, c'est que cette « compensation », du point de vue écologique, n'en est pas une. D'un côté, des parcelles de jardin doivent être bétonnées ; de l'autre, un petit bois aménagé en parcelles de jardins. Même si on choisit de voir les jardins comme de simples capteurs de gaz à effet de serre universellement substituables, transférables comme l'argent à la banque (le « glissement de terrain », équivalent du virement bancaire), même si on accepte de s'enfermer dans cette logique-là, eh bien, le compte n'y est pas.

— De toute façon, on était sur des terrains précaires[1]. Qu'est-ce qu'on pouvait faire ? On n'avait pas le choix. On n'avait aucun droit !

Certains pensent autrement.

1 Ces terrains sont occupés à titre précaire.

5

Le veilleur

La première fois que je vois Ziad Maalouf, c'est lors d'une réunion publique organisée par le Collectif de défense des jardins ouvriers d'Aubervilliers. Ça se passe au Laboratoire, l'annexe du théâtre de la Commune. À l'entrée se trouve une petite salle de musculation (ou de boxe) où entrent de jeunes hommes aux épaules carrées. Au fond, un grand hall dessert une salle de spectacle où quelques mois auparavant, j'ai vu (en grec surtitré) *C'était un samedi*, pièce bouleversante d'Irène Bonneaud sur la disparition de la communauté juive de Ioannina. Les usagers de la salle de musculation (ou de boxe) ne ressemblent pas à ceux du théâtre, ni au petit groupe que nous formons cet après-midi-là pour parler des jardins ouvriers, groupe qui, lui, pourrait se confondre avec les spectateurs habituels du théâtre. Comment mettre en mots les images, comment écrire un classement inavouable auquel on se livre habituellement sans trop y penser ? Les premiers sont plus jeunes, plus costauds que les seconds. Leur démarche est vive, élastique. Leur peau est plus foncée, semblable à celle de nombreux Albertivillariens croisés alentour, vers le carrefour des Quatre-Chemins. Ils portent des sneakers, des shorts et T-shirts siglés Nike ou Lacoste (pas étonnant, ils viennent faire du sport). Les seconds, hommes et femmes, sont plus âgés, généralement blancs, pas spécialement musclés ; ils sont équipés de *tote bags* en coton, de sacoches en cuir un peu élimé. Une telle description, aussi plate soit-elle, n'a rien de neutre. Elle sélectionne des bribes d'apparences pour en tirer des catégories censément significatives, « jeunes des quartiers populaires » d'un côté, « classes moyennes diplômées » voire « petite bourgeoisie intellectuelle » de l'autre. Ces catégories, à leur tour, charrient leur lot d'images ou plutôt de clichés. L'opération banale qui consiste, au doigt levé, à sociologiser — et à « raciser » —, je m'y livre distraitement en ce bel après-midi de septembre pour constater que la défense des jardins n'a l'air d'intéresser qu'une minorité peu représentative des Albertivillariens. Ça m'embête, parce que je crois que ces jardins méritent d'être défendus et que c'est l'affaire de tous, mais bon, vite fait, je prends acte. Quelques mois plus tard, au cœur de l'hiver, lors d'un rassemblement organisé avenue Jean-Jaurès sur le thème des destructions annoncées, je serai frappée à nouveau par le contraste entre deux foules. Ceux qui piétineront dans le froid autour des militants ne ressembleront pas à ceux qui, au même moment, s'engouffreront dans le métro. Les seconds, hommes et femmes, jeunes et vieux, jetteront aux premiers un regard à peine étonné, tiens, qu'est-ce qu'ils font, ceux-là ? Ils passeront leur chemin, vaqueront à leurs affaires. L'engagement militant, c'est un fait établi, reste généralement l'apanage de classes moyennes éduquées, paupérisées peut-être mais riches de leurs diplômes et conscientes de leurs droits, disposées à s'organiser pour contester l'autorité. Il faut le savoir. Ça n'empêche pas les surprises. Pour le moment, septembre 2021 au Labo, le soleil brille, la réunion se tient sous la tonnelle, dans la cour-jardin où picorent deux poules. Autour d'une table, une petite vingtaine de personnes écoutent les membres du collectif parler de la lutte à poursuivre. Tour à tour, Jade Lindgaard, Dolorès Mijatovic et Ivan Fouquet expliquent les enjeux de la bataille, les recours juridiques — passons, on aura l'occasion de faire plus ample connaissance. Au bout d'une heure ou deux, un homme prend la parole, la quarantaine, teint mat, cheveux bruns bouclés serrés, petite barbe, visage avenant. Les autres l'appellent Ziad. Il dit que la défense des jardins, ce n'est pas seulement l'affaire des jardiniers, mais de tout le monde. Je suis heureuse de l'entendre. Je suppose qu'il habite Aubervilliers de longue date, peut-être la cité HLM des Courtillières en face des jardins ou celle de la Maladrerie tout proche. Un commerçant, un ouvrier peut-être comme Carlos Terrivel, ou un artisan, comme ceux qu'on croise au café Casanova en tenue de travail maculée d'enduit. Mentalement, je retiens son prénom, il faudra l'interviewer un jour. Voilà, en un clin d'œil, parce qu'il s'appelle Ziad et qu'il habite une banlieue populaire, je lui colle une identité sociale, un niveau d'études, une catégorie professionnelle. Autant d'idées préconçues qui viennent déposer sur le visage ouvert de cet homme quelque chose comme un filtre : « Arabe-des-cités ».

La deuxième fois, j'aperçois Ziad Maalouf à la Cassette. Dans le quartier populaire des Quatre-Chemins, à deux pas du Labo, l'endroit occupe un rez-de-chaussée avec vitrine. Ce qui ressemble à un ancien commerce a été reconverti en joli café associatif avec des tables de mixage, des studios d'enregistrement. Ce soir-là, des étudiants diffusent un documentaire audio réalisé aux Vertus. Des jardiniers et jardinières de toutes origines y évoquent leurs arbres, leurs plantes, leur vie. L'absence d'image force à se concentrer sur le grain des voix, le choix des mots, le froissement des herbes, les éboulis minuscules sous les pas, le pépiement des oiseaux. L'œuvre sonore gardera trace des terres détruites, elle permet aussi de partager une expérience sensible (audible) avec ceux qui n'ont pas de parcelle aux Vertus. Le Collectif a publié l'invitation sur les réseaux : pour préserver les jardins de la disparition annoncée, il faut les faire connaître, les faire aimer. Ça marche, on applaudit. On se parle, on boit un peu. Ziad tient le bar. Affairé et souriant, il me sert un verre de vin rouge. Ses cheveux ont poussé, bruns et drus. Je discute avec les uns et les autres, note quelques numéros de portables. Quand je me retourne vers le bar, je vois Georges Perec. Oui, cette crinière bouclée, presque en afro, ce petit bouc, ces yeux malicieux, ce sourire généreux qui n'exhibe pas les dents, je les reconnais, ils appartiennent à l'auteur de *La vie mode d'emploi* et de *La disparition*. Pourquoi pas ? Il est question ici de vie et de disparition.

La troisième fois, je rencontre Ziad Maalouf aux jardins des Vertus, sur sa parcelle. On se pose sous le cerisier dont les bourgeons n'ont pas encore éclos. Né au Liban, Ziad a vécu à Paris, explique-t-il, dans le très bourgeois XVIIe arrondissement. Il a quarante-huit ans. Pendant vingt ans, il a été journaliste à RFI. Il a sillonné l'Afrique subsaharienne pour des reportages, animé une émission sur les médias. À présent, il s'occupe de la Cassette dont il veut faire un lieu de formation équipé pour les professionnels, qui accueillerait aussi les gamins du quartier. Une « fabrique sonore » accessible à tous, lit-on sur le site Internet. Ce projet l'enthousiasme, il mêle ambition créative, excellence technique et ancrage local. Aubervilliers ? Ziad Maalouf s'y est installé une demi-douzaine d'années auparavant avec sa compagne, peu avant la naissance de leur premier enfant. Au moment où nous parlons, le couple élève une fille et un garçon de cinq et trois ans ; un autre petit garçon naîtra l'été suivant. La famille habite une maison avec un jardinet, bonheur inabordable à Paris. Elle se situe vers l'ancienne manufacture des allumettes, dont les bâtisses de briques ont été reconverties en pépinière d'entreprises, en écoles maternelle et élémentaire. Avec ses petites rues, ses maisons, ses anciennes fermes maraîchères et son patrimoine industriel, le centre-ville d'Aubervilliers me plaît comme il a plu à Ziad. Depuis une dizaine d'années, avec l'extension des lignes de métro, ces quartiers-là attirent de nouveaux habitants chassés de la capitale par les prix immobiliers exorbitants, des néo-arrivants qu'à défaut d'autre chose on appelle des bobos. Un filtre, encore un. Parfois péjoratif, toujours trop vague. Que désigne ce vocable ? Des gens qui, sans être riches, ne sont pas pauvres, mais encore ? Des diplômés de l'enseignement supérieur susceptibles d'aller voir des pièces de théâtre en grec surtitré. Des citoyens qui votent, même aux élections locales, et qui, aux projets d'urbanisme suscités par la spéculation immobilière et la perspective des Jeux olympiques 2024, peuvent opposer une contre-expertise assez coriace.

Ça tombe bien.

Au début de l'été 2016, Ziad, fraîchement installé à Aubervilliers, se rend à une fête à l'invitation de son voisin Axel. Ce dernier dispose aux Vertus de plusieurs centaines de mètres carrés sur ce qui va devenir la JAD. Quand Ziad découvre les jardins, il est, comme tous ceux qui en franchissent le seuil, ébloui. Il avoue qu'il a cru rêver, entrer dans un monde parallèle. Que les arbres ployaient sous les fruits. Que c'était grand, magnifique, incroyable. Qu'il est tombé amoureux de l'endroit. Comme si une merveille entraînait l'autre, il dit qu'ensuite, au mois d'août, sa fille est née. Sous le charme, Ziad envoie une lettre au « Bureau des jardins ». Il y a beaucoup de demandes, une cinquantaine pour cinq parcelles disponibles, mais lui, grâce à Axel, sait à qui écrire. N'entre pas qui veut au paradis : « Tout est fait pour que ceux qui demandent soient déjà un peu au courant... ». Il faut faire acte de candidature, et au bout de quelques années, pense-t-il, lorsque la petite aimera planter des graines et grimper aux arbres, il obtiendra enfin une parcelle. Il passe une sorte de grand oral face aux élus du Bureau, et à sa surprise, il les convainc. Le voilà père d'une nouvelle-née et responsable de 500 mètres carrés à cultiver. Avec RFI, c'est trop, Ziad manque de temps. Il pense laisser tomber le lopin, mais s'accroche. Le journaliste se sait utile.

— Quand je suis arrivé, on savait tous à Auber que les jardins étaient menacés. On le savait, mais de façon pas très renseignée. À l'époque, on pensait aux travaux de la gare pour la nouvelle ligne de métro, la ligne 15[1]. J'ai proposé mes compétences de communication pour qu'on s'oppose à ce projet. J'ai été élu pour ça au Bureau des jardins. Pour les défendre, pour me battre. À RFI, j'ai été délégué du personnel. J'ai appris à batailler avec la direction... J'ai appris que c'est possible, que ça marche.

Début 2019, Anthony Daguet prend contact avec les élus du Bureau. Gérard Muller a déjà évoqué cet homme, devenu depuis secrétaire général du quotidien *L'Humanité*. Alors adjoint chargé de la vie associative, il travaille avec la maire communiste

---

1 Cette nouvelle ligne doit faire le tour de la petite couronne parisienne, de Pont-de-Sèvres à Saint-Denis, en passant vers le Fort d'Aubervilliers.

Meriem Derkaoui, qui administre la ville jusqu'à sa défaite aux municipales de juin 2020. C'est lui qui échange avec les jardiniers, lui qui les informe... Ou pas. Face aux travaux annoncés, Daguet se présente comme le défenseur des jardins.

— En fait, il vient pour enfumer, pour nous faire croire que rien n'est décidé, qu'on est dans le dialogue... Je participe à beaucoup de réunions avec lui. On comprend que la menace vient d'abord de la piscine olympique. Il nous dit que les travaux pourront empiéter sur les jardins, que quelques parcelles serviront de dépose-chantier pour les gravats, qu'elles seront « compensées ». Trois, quatre ? Pas clair. Certains disent qu'on n'a pas le choix. Moi, j'incarne la ligne dure. Je le pousse dans ses retranchements. Daguet finit par vendre la mèche. À demi-mot, il lâche que les aménageurs de GPA prévoient à terme de construire des logements et des bureaux sur les jardins... Un projet extrêmement rentable, vu les prix du foncier... GPA est un établissement 100 % public qui se comporte comme une entreprise 100 % privée... Avec le concours de la police, si nécessaire ! En juillet 2020, la menace se précise. On croyait avoir quelques années devant nous, et tout à coup, on voit les plans de GPA affichés sur les grilles des jardins, on lit un article dans *Le Parisien*. Là, on comprend que dans les mois qui viennent, ce ne sont pas trois, quatre parcelles qui seront détruites, ni cinq, mais une vingtaine. On apprend qu'il ne s'agit plus de dépose-chantier provisoire, comme nous le disait Daguet, mais de la construction définitive d'un spa et d'un solarium minéral attenants à la piscine d'entraînement olympique...

Ziad secoue la tête, il semble atterré. Le décryptage, l'enquête, il connaît, c'est sa partie, il a compris la manœuvre consistant à empiéter sur les jardins par un premier projet comme un cheval de Troie, en attendant des programmes immobiliers lucratifs de logements et de bureaux. Mais quelque chose du côté adverse lui échappe, peut-être le fascine et le met en colère, quelque chose qui lui apparaît comme un mélange de cynisme calculateur et de naïveté confondante. Parce que, dit-il, « si les aménageurs avaient implanté ne serait-ce qu'un bout de piscine sur les jardins, on était foutus ». Entre l'urgence des Jeux olympiques et la mission de service public de la piscine, il aurait été difficile de contester le bien fondé des travaux. Mais non, GPA en a décidé autrement : la piscine sera sur le parking, ce sont le spa et le solarium qui empièteront sur les jardins, sans légitimité olympique ni mission pédagogique (apprendre à nager, promouvoir le sport). Et là, estime Ziad, vraiment, en plein dérèglement climatique, c'est trop gros, quasiment de la provoc, donc d'une certaine façon, tant mieux, ça offre prise.

— Vous vous rendez compte, quelle démesure, quelle bêtise : un solarium minéral au XXIe siècle !

À l'été 2020, un homme en colère. Dès lors, tout se met en place.

Pas moyen de compter sur les autres membres du Bureau : tant pis, on fera sans. Surtout, ne pas s'isoler. Construire un réseau autour des jardins. Ziad parle à une amie et consœur de longue date, elle aussi Albertivillarienne. Journaliste à Médiapart, Jade Lindgaard enquête sur les questions écologiques et se passionne pour l'affaire des Vertus. Elle connaît Dolorès Mijatovic, qui habite « Auber » depuis vingt ans, adore jardiner et sait ce que s'engager veut dire. Ziad aussi connaît Dolorès, il l'a rencontrée pendant le confinement. Dolorès, comme Ziad, possède un jardinet, quelques mètres carrés attenants à sa maison située à la Courneuve, à quelques mètres d'Aubervilliers (les deux communes sont limitrophes). Tous deux impliqués dans la vie locale, Ziad et Dolorès ont fait connaissance dans le cadre de l'association Poussières. Pendant ce printemps sans pareil où l'on déambule pour une durée maximale d'une heure dans un rayon d'un kilomètre autour de son domicile, en respectant les gestes barrières et en emportant avec soi une auto-attestation dûment remplie, ils ont échangé des plantes. Des graines de courges, des plants de tomates, du persil. J'imagine que leur masque chirurgical leur donnait des airs de conspirateurs. De fait, leurs rencontres amorcent une superbe conjuration végétale.

6

L'indispensable

À la fin du printemps 2020, alors que la menace sur les jardins se précise, Ziad est en colère mais il est débordé. Il a maintenant deux jeunes enfants, il quitte RFI pour un nouveau projet qui l'absorbe et qui deviendra la Cassette. Arroser, tailler, ça exige des loisirs. Dolorès approche de la soixantaine, elle a de l'énergie, du temps. Elle adore les plantes. « Veux-tu t'occuper de ma parcelle ? », lui demande Ziad. « Tope-là, d'accord », répond Dolorès. Qui, découvrant les jardins, éprouve, se souvient-elle, « l'impression d'entrer au paradis ». Éblouissement, coup de foudre — encore un. Bon, le deal n'est pas tout à fait régulier, la parcelle a été attribuée à Ziad Maalouf et pas à Dolorès Mijatovic, mais peu importe, décident-ils, c'est l'usage qui compte, le partage. Les jardins gagnent une alliée précieuse, indispensable. Silhouette solide, robustes chaussures de marche, longs cheveux gris noués en chignon, sourire généreux. Bien que ce soit devenu un cliché, je suis tentée de décrire Dolorès comme une « femme puissante ». Par quoi on désigne, depuis le roman éponyme de Marie NDiaye[1], moins les patronnes de multinationales, banquières, préfètes et autres gradées que les activistes obstinées qui, chaussées de godillots, se lancent sans sourciller dans des batailles de type « pot de terre contre pot de fer » et emportent la victoire à la stupeur de l'adversaire.

Même si elle avoue être parfois fatiguée, Dolorès Mijatovic sait pourquoi elle se bat. Je la rencontre à plusieurs reprises sur la parcelle de Ziad devenue la sienne, sous le même cerisier à travers lequel se découpent, altières, les tours des Courtillières.

— Ç'a été un grand bonheur d'arriver là, de bénéficier de cette terre... Un privilège. J'avais des plants de tomates, et le mois de mai, c'est juste le bon moment pour planter des tomates. Parce que, oui, j'avais déjà un petit jardin à La Courneuve, collé à ma maison. J'ai grandi en ville, à Beauvais, mais depuis l'enfance, j'ai toujours planté, semé... Mon grand-père cultivait la vigne, ma mère avait un potager. Plus tard, à Paris, ma chambre d'étudiante ressemblait à une jungle ! Je suis passionnée par le vivant. Vers 2014, 2015, j'avais installé une jardinière devant un café à Auber. En plein centre-ville, on y voyait pousser des tomates, des courges. C'est très

1 Marie NDiaye, *Trois femmes puissantes*, Gallimard, 2009.

important de montrer qu'on peut fabriquer de la terre avec des déchets. On peut cultiver de la nourriture partout, même en ville, même sans beaucoup de terre, dans un bac, dans une baignoire. C'est important, oui, que les gens apprennent, qu'ils récupèrent une marge d'autonomie... Tiens, tu en veux ?

Dolorès m'offre une infusion préparée avec la menthe du jardin. Puis elle me montre ses « lasagnes ». Elle ne parle pas d'un plat de pâtes, mais d'une méthode de permaculture. Au lieu de retourner la terre comme sur le lopin voisin qui ressemble à un long rectangle marron, Dolorès superpose des couches sur de petites surfaces : paille, copeaux de bois, compost, et ainsi de suite. Échevelé et charmant avec ses fleurs des champs et ses pousses rouges d'acanthe, son jardin se divise en mini-parcelles paillées et bombées d'où sortiront, le moment venu, courges, roquette, pommes de terre, thym, romarin. Au début, les jardiniers d'à côté regardaient ça de travers, jugeant l'endroit mal tenu. Quand ils ont vu l'abondance des récoltes, ils ont changé d'avis. Les jardins des Vertus abritent une diversité de sensibilités et d'héritages qui n'a rien à envier à celle des plantes et des oiseaux. Dolorès s'inspire, dit-elle, du *gangsta gardening*. « Jardinage de gangster » ? Développée par Ron Finley, habitant inventif d'un quartier défavorisé de Los Angeles, la pratique est au jardinage ce que le *gangsta rap* est à la chanson : une révolte active, une façon de hacker le système. En l'occurrence, congédier du même coup la faim et la malbouffe. Et la peur, et la honte qui vont avec. Remplacer l'alimentation industrielle achetée au supermarché par des fruits et légumes locaux qui n'exigent qu'un peu de terre et de temps. S'affranchir, si peu que ce soit, des circuits marchands. Récupérer de l'autonomie, comme le suggère Dolorès. Ron Finley a commencé par faire pousser des potirons et des choux kale sur l'étroit terre-plein qui séparait sa maison du trottoir. Ce n'était pas autorisé, alors il s'est démené pour que le règlement soit changé. Puis il a fait en sorte que d'autres s'emparent de l'idée, apprennent les rudiments de l'agriculture urbaine, sèment à leur tour des graines dans les interstices des villes. Si ce n'est pas réglementaire, peu importe. Sur les photos, le beau visage sombre de Finley est entouré de feuillages luxuriants sous le ciel lumineux de la Californie. Aperçu édénique. Se nourrir, c'est politique. D'ailleurs, Dolorès emprunte au paysagiste Éric Lenoir le concept de jardin punk dont on comprendra qu'il se situe aux antipodes du catalogue de Jardiland. L'idée, c'est d'abord d'observer, puis de s'arranger au mieux avec les sols, les essences locales, l'écoulement des eaux, les hautes herbes, le vent.

Alors quand une terre est menacée dans la région, Dolorès se sent personnellement touchée. En février 2021, elle est allée à la ZAD de Gonesse, là où des champs fertiles doivent être bétonnés pour laisser place à une gare. Auparavant, elle a monté à La Courneuve la lutte « Notre parc n'est pas à vendre » contre un projet de l'architecte Roland Castro consistant à construire des tours de 24000 logements dans l'un des rares espaces verts de Seine-Saint-Denis.

Les luttes, elle connaît. Née en Croatie, elle a été élevée en France depuis l'âge de cinq ans dans une famille plutôt modeste où « on est de gauche ». Elle n'a pas dit « une famille où on vote à gauche », non, il ne s'agit pas simplement de voter, mais d'*être*. Son prénom hispanique, elle le doit à Dolorès Ibárruri (1895-1989), dite la Pasionaria. Militante antifranquiste, Ibárruri a popularisé le fameux slogan *¡No pasarán!* qui semble aller comme un gant à Dolorès Mijatovic. Sauf que pendant la Guerre d'Espagne, la Pasionaria a défendu au sein du Parti communiste espagnol une ligne strictement stalinienne, justifié le pacte germano-soviétique, dénoncé la traîtrise supposée des anarchistes et des républicains, de sorte que cette marraine-là, bof, la Dolorès d'Aubervilliers « ne s'en revendique pas », dit-elle, « avec un enthousiasme sans mélange ». Elle lui préfère d'autres formes de luttes, sans appareil partisan ni hiérarchie. Et sous les cerisiers touffus, le rouge sombre des pétales d'acanthe.

Pour « les jardins d'Auber », comme on les appelle, Dolorès Mijatovic s'engage complètement. Au cours de ses précédentes expériences militantes, elle n'avait pas connu ça, non, « pas à ce point ». Elle passe ses journées aux jardins. Pendant la JAD et même après, il lui arrive de dormir sur place malgré sa phobie des rats. Elle n'a pas mal au dos, le camping ne lui fait pas peur. Elle dort dans la cabane d'Ugo, jardinier copain de Carlos. Elle voit les hérissons emprunter tranquillement les sentiers tracés par les hommes, s'y dandiner et filer à toute allure, parce qu'un hérisson, il faut le savoir, ça court vite.

Elle entend coasser les grenouilles et bruisser je ne sais quoi encore, et ces nuits-là, au fil des heures de veille et de rêve, approfondissent les liens entre cette femme et les jardins. Coup de foudre, nuits d'amour, liens: c'est de ça qu'on parle, pas seulement de mètres carrés constructibles et de plans d'occupation des sols. Dolorès en a conscience. Ici, elle le pressent d'emblée, la lutte ne ressemblera pas exactement à celle qu'elle a menée à Gonesse, ni à la Courneuve. Ni non plus à celle qui, au moment où j'écris, se livre à Sainte-Soline, dans les Deux-Sèvres, autour de cuvettes géantes creusées pour retenir l'eau de pluie au profit de quelques agriculteurs. À la télé, sur Twitter, on voit des mouvements de troupes. Quads, gaz, tirs de grenades. Entre manifestants écolos et ce qu'il est convenu d'appeler les forces de l'ordre, les affrontements ressemblent à une guerre, les champs sont devenus champs de bataille. Le paysage ? Herbe rase et terre nue, horizon soulevé seulement par les talus des « mégabassines ». Sol plat, rares bosquets, ciel, c'est tout. À Auber, il s'agit aussi de lutter contre la privatisation des communs, mais il y a autre chose.

— Défendre des jardins, ce n'est pas pareil que défendre des champs. Bon, déjà, c'est facile de venir ici, c'est à côté du métro. Une fois sur place, les gens voient qu'il y a un lien avec l'humain, que c'est un lieu de sociabilité... C'est de la beauté, c'est paradisiaque. Tout ça en pleine ville, comme un îlot, c'est précieux. Ça touche... On se demande qui peut vouloir détruire un endroit pareil, on a envie de le défendre ! On a eu plein d'échos médiatiques.

Sortilège, enchantement : les gens tombent amoureux, voilà. Dolorès a le loisir de se consacrer pleinement à cet amour — ou à cet engagement, comme on voudra. En 2020, elle a 58 ans. Elle a été médecin, spécialiste de santé publique pour la Seine-Saint-Denis, département pauvre, peuplé, mal doté, il y avait de quoi faire. Quatre ans auparavant, en 2016, elle a vécu, glisse-t-elle, « un drame personnel » au sujet duquel elle n'a nulle envie de s'étendre. Elle se contente de livrer quelques dates : 2017, arrêt maladie ; 2019, licenciement.

— Maintenant, je suis inscrite au chômage, bientôt en retraite... C'est ce qui me permet de m'investir autant pour les jardins. Merci, Pôle Emploi !

À dessein, je transcris ces mots à un moment où j'entends parler à tort et à travers de « valeur travail ». C'est un moment où Pôle Emploi devient France Travail, où l'âge de la retraite est reculé en dépit d'une opposition massive parce que le salariat et l'entrepreneuriat font figure, pour certains, de valeurs cardinales. Ceux qui y adhèrent sans réserve jugeront que, quand même, cette Dolorès Mijatovic abuse de la solidarité collective et qu'elle ferait mieux de rejoindre fissa une agence régionale de santé pour y gérer au plus serré le rétrécissement programmé des moyens, tandis que les ressources publiques, elles, seront utilement affectées à la construction de solariums. Ce n'est pas pour eux que je transcris ces mots, mais pour ceux qui estimeront au contraire qu'avec les allocations de Dolorès, on a rarement vu argent public mieux employé — de façon à la fois parcimonieuse et efficace, dans un souci évident de l'intérêt général. À ce stade, puisque c'est ma partie, je pense à tous les livres écrits grâce aux allocations chômage. Les auteurs remercient généralement, en petits caractères, le Centre national du Livre ou autres mécènes, mais jamais je n'ai vu imprimé dans les mêmes petits caractères : « Ce livre a été écrit grâce au soutien de Pôle Emploi. » Je juge, moi, qu'il faut réparer cette injustice et qu'une contribution à ce qui rend la vie vivable et belle, jardins ou littérature, mérite d'être reconnue à sa juste valeur. Merci, Pôle Emploi.

— Défendre les jardins, c'est beaucoup de travail ! Je n'arrête pas, c'est chronophage...

En quoi consiste ce travail ?

7

Collectif

Juillet 2020. Un parfum de liberté flotte dans l'air estival après l'expérience sidérante de longs mois de confinement. Verrouillées de mars à juin, les grilles des jardins publics sont à nouveau ouvertes dans toutes les villes de France. Moi, je retourne au square de mon quartier, dans le XIIIe arrondissement parisien, à toute heure du jour et par la grande porte, sans plus avoir à escalader les grilles au petit matin comme je l'avais fait quelquefois. Aux Vertus, nombre de jardiniers avaient pris le risque de venir en douce sur leur parcelle pendant ce printemps ensoleillé et bizarre. Officiellement, ils n'en avaient pas le droit: le jardin fait partie de leur vie, mais pas de leur domicile, or nous étions tous assignés à résidence. Quoiqu'ils aient besoin de soins, ni le figuier ni les plants de tomates ne font officiellement partie de la cellule familiale. Ils ne rentrent pas dans les cases des formulaires: ni achat de première nécessité ni activité professionnelle essentielle. Ni propriété privée ni espace public, le jardin ouvrier échappe déjà aux règles ordinaires, forcément davantage aux restrictions de l'état d'urgence. L'interdit enfin levé, les jardiniers peuvent désormais arroser, récolter sans crainte de contravention. Respirer, marcher dans l'herbe. C'est la fête. Mais sur les grilles des jardins, le Bureau de l'association a affiché les plans envoyés par Grand Paris Aménagement. Les parcelles à évacuer au cours des prochains mois y figurent, bien repérables, au nombre de dix-sept. Meriem Derkaoui, l'ex-maire communiste d'Aubervilliers, vient d'être battue aux élections municipales de juin. Mais au lendemain de sa défaite, elle a profité du peu de temps qu'il lui restait pour signer le permis de construire : piscine d'entraînement olympique, centre de fitness, sauna, solarium. La nouvelle maire, Karine Franclet, ancrée à droite, n'y voit rien à redire. Les travaux doivent commencer dès l'année suivante parce que le futur centre aquatique doit impérativement être construit avant les Jeux olympiques de juillet 2024. Ça, au moins, c'est clair.

Membre du Bureau, Ziad a reçu d'autres plans de GPA, plus complexes. Il n'y comprend rien. Le solarium est-il une première étape avant les bureaux et logements, comme l'a plus ou moins reconnu Daguet ? Quelle sera l'emprise de la future gare du Grand Paris Express ? L'empiètement prévu de 4000 mètres carrés est-il provisoire ou définitif ? Annonce-t-il une emprise plus étendue à l'avenir ? Le journaliste en a l'intuition, mais franchement, soupire-t-il, ces plans sans échelle sont illisibles. Il en a parlé à la consœur qui couvre pour Médiapart les questions écologiques et qu'il a déjà croisée, à la fois « dans les milieux journalistiques » et à l'épicerie associative du coin, La Pépinière. Jade entre aux jardins pour la première fois ce printemps-là, et comme tout le monde ou presque, elle est éblouie. Elle veut défendre ces terres. Jade, pour déchiffrer les plans, contacte un ami architecte. Ivan Fouquet s'est fait connaître pour sa contre-expertise à Notre-Dame-des-Landes. Aux enquêtes publiques démontrant l'impérative nécessité de construire dans le bocage nantais un aéroport flambant neuf, cet homme à la longue silhouette fluette a opposé d'une voix tranquille des arguments étayés, il a fourni des plans, des données en faveur de l'agrandissement de l'aéroport existant, à Nantes. Il a eu gain de cause, contribuant à sauver le bocage. Avoir Ivan avec soi, c'est une force, on va le voir. Ivan a l'air tout doux, il l'est d'ailleurs, pour autant que je puisse en juger, mais pas du genre à lâcher l'affaire. Pugnace. Notre-Dame-des-Landes, quand même, c'est un précédent imposant. Pour sa part, Ziad n'envisage pas d'occuper les jardins comme l'ont fait les zadistes à « NDDL ». La désobéissance civile, les remparts de paille, la radicalité, ce n'est pas son truc. Mais quoi qu'il pense, Ziad n'est plus seul ; il a fait ce qu'il avait à faire, il a lancé l'alerte et quelles que soient ses réticences, les jardins seront bel et bien occupés un an plus tard, de mai à septembre 2021. Comment passe-t-on au juste d'un homme soucieux de légalité et perplexe devant des schémas cadastraux à l'occupation militante de 4000 mètres carrés en pleine ville ? Vu le terrain et l'enjeu de la lutte, on peut imaginer une graine semée à l'été 2020, qui d'abord dort sous la terre, fait poindre ensuite une fragile pousse vert tendre, et puis... Ou mieux, on peut penser à la contamination, l'obsession du moment. Oui, voilà, la résistance se met en place par affinités, de proche en proche, à la façon de ces comptines qu'affectionnent les enfants, marabout, bout de ficelle, selle de cheval, cheval de course, course à pied... Peu importe que cette figure de style, qui est la contagion même, s'appelle une anadiplose. Il suffit de savoir qu'en vertu de sa dynamique propre, à partir d'un oiseau disgracieux au crâne pelé et de quelques bouts de ficelle de rien du tout, une chose amenant l'autre, on peut se retrouver en débardeur à enchaîner les foulées amples sous les encouragements de la foule.

Donc, déjà, de proche en proche, Ziad, Dolorès, Jade, Ivan. Voilà que déboule Anne. Elle est photographe, elle fait partie des Brigades de solidarité populaire, des groupes d'aide mutuelle nés en Seine-Saint-Denis pendant le confinement qui, entre autres actions, distribuent des repas aux sans-abris, aux sans-papiers. Malgré leur nom qui suggère une organisation militaire, les BSP, très engagées à gauche, se situent plutôt dans une mouvance autonome, autogérée, inspirée, me glisse Dolorès, « du mouvement brigadiste italien ». Les Brigades rouges ? Surgissement étrange, sombre. Plus tard, je lirai que les Brigades de solidarité populaire sont nées à Milan au sein du mouvement antifasciste, lui-même héritier des groupes autonomes des années 1970. Un demi-siècle plus tard, en cette fébrile année

2020, il en existait, paraît-il, une cinquantaine en Europe, surtout en Italie et en France. Aux jardins des Vertus, les influences se mêlent, s'intriquent et se complètent comme des plantes en permaculture. Elles s'enracinent, s'épanouissent. Pierre Laval, le *gangsta gardening*, à présent les Brigades de solidarité populaire. D'après ce que j'ai pu comprendre à l'occasion de cette enquête, les gens des BSP sont jeunes, à l'occasion intrépides ; ils (et elles) confectionnent d'excellents gâteaux à la banane que l'on peut acheter à prix libre pour financer les luttes écologiques et sociales.

Bientôt il y aura Fleuve, Juliette, Vingt, Youn, Porco Rosso... D'autres viendront des mouvements Extinction Rebellion ou Youth for Climate. Ils auront piétiné dans la boue du triangle de Gonesse ou du plateau de Saclay, autres terres franciliennes en instance de destruction, ou d'aménagement, ça dépend des points de vue. Se joindra Corentin, un taiseux qui habite le quartier, à Auber. Ziad et Dolorès essaieront aussi de mobiliser au sein même des jardins. À défaut de ceux qui, au Bureau, répètent qu'on n'a aucun droit et que, puisqu'il faut partir, on partira, ils convainquent une poignée de jardiniers. Viviane, Even. Parfois Élise, à sa façon fantasque et quand ça lui prend, parce que l'engagement, dans certains cas, est aussi intermittent que l'élan amoureux ou le courant électrique. Une petite dizaine d'hommes et de femmes en colère, ce n'est pas rien. Un collectif se forme. On l'appelle « Des jardins, Pas d'Engins » ou le Collectif de défense des jardins ouvriers d'Aubervilliers. Il reste informel, à géométrie variable, et se dispense du statut associatif prévu par la loi de 1901. Les institutions, les titres, on s'en méfie un peu, ou beaucoup. Personne n'a envie de désigner un président, une trésorière. Moins encore d'effectuer une déclaration auprès de la préfecture de Seine-Saint-Denis qui, bien sûr, soutient activement les projets de l'établissement public qu'est Grand Paris Aménagement. Non, l'essentiel, c'est de se mobiliser efficacement, et comme l'a fait remarquer Dolorès, il y a du travail. Par où agir ? Comme à la guerre, pour défendre le territoire, il faut d'abord comprendre les plans de l'adversaire. Déchiffrer les cartes.

8

L'architecte

Les plans abscons, les acronymes des documents d'urbanisme, zone UM, zone UP, PLUI, SDRIF et tout le reste, Ivan Fouquet en a l'habitude. Il est architecte, il en a vu d'autres. Jade Lindgaard connaît Ivan depuis cinq ou six ans, ils se sont rencontrés à Notre-Dame-des-Landes. Au cœur de cet été trop chaud, fin juillet 2020, ils déjeunent ensemble dans un petit café vers la Bastille, à proximité de leurs bureaux respectifs. Jade transmet à Ivan les cartes remises aux jardiniers par Grand Paris Aménagement.

— On n'y comprend rien, dit-elle. Mais on a l'impression que ça va empiéter sur les jardins...

De retour à son cabinet, Ivan regarde les cartes. Il comprend. Ça va empiéter, en effet, et de façon définitive. Pendant quelques mois, les jardiniers ont cru à une dépose-chantier : ils ont pensé qu'il faudrait libérer des parcelles pour entreposer les grues et les gravats, pour installer les Algeco des ouvriers. Une dépose-chantier entraîne forcément des dégâts irréversibles, personne n'imagine retrouver intacts les cerisiers où nichent les mésanges, les plants de haricots et les coquelicots après qu'on a posé dessus des tonnes de ciments, garé des camions-bennes et des bulldozers. Reste que les terres en question ne sont pas bétonnées et qu'en principe, elles doivent être rendues à leur usage premier. Là où poussaient les haricots et coquelicots, on accumule les gravats, on empile les Algeco, mais au moins, rien de définitif n'est construit. Théoriquement il sera possible, avec du temps, de la patience, d'amender la terre abîmée par les engins et polluée par les travaux. C'est un peu tiré par les cheveux, les urbanistes raisonnent dans un monde où tout est compensable dans l'espace et réversible dans le temps, fluide comme l'argent immatériel qu'on transfère. Leur fiction ressemble très peu au monde vivant. Quand même, on peut imaginer semer à nouveau, un jour. Après les bulldozers, les mésanges... Croit-on.

Ivan interprète les signes sur les cartes, sous ses yeux se dessine un tout autre scénario : 4000 mètres carrés ont été rendus constructibles. « Zone UP » : urbanisation prioritaire pour la construction d'équipements publics. Ils doivent être rasés pour accueillir le solarium et le centre de fitness attenants à la piscine d'entraînement olympique. Ce n'est pas rien, 4000 mètres carrés, et quand la terre est cultivée en parcelles toutes différentes les unes des autres et de mille façons vivante, c'est grand. Plus loin dans les jardins, là où nichent d'autres mésanges, où poussent d'autres haricots, et encore toutes ces plantes que je ne sais pas reconnaître, plantain lancéolé, euphorbe, sureau, là, au cœur du monde parallèle, Grand Paris Aménagement prévoit aussi à moyen terme une zone dite d'urbanisation mixte. On appelle ça une « zone UM », 4000 mètres carrés de bureaux, hôtels et logements, ce qu'Ivan et les autres découvriront un peu plus tard. Ce qui est sûr désormais en ce mois de juillet caniculaire, c'est qu'il ne faut pas laisser faire. Jade n'a pas eu à convaincre Ivan. Cet homme à la voix tranquille se sent tout disposé à s'embarquer bénévolement dans une lutte incertaine et chronophage, je crois qu'il n'a pas hésité une seconde.

— Dans ces luttes, on est porté par une énergie collective... par le fait même de lutter... C'est un peu inexplicable.

Lors de notre deuxième entretien, Ivan prononce à nouveau ces mots-là. Le phénomène « un peu inexplicable », la dépense immodérée d'énergie qui, au lieu d'épuiser (comme le voudrait la logique comptable), suscite au contraire un surcroît de force, l'architecte connaît. Il en a d'abord fait l'expérience à la ZAD de Notre-Dame-des-Landes.

— C'est arrivé un peu par hasard... Je suis d'origine vendéenne, j'avais entendu parler, comme tout le monde dans la région, du projet de

« déménagement » de l'aéroport de Nantes. Drôle de mot, « déménagement », utilisé indifféremment pour un aéroport ou pour des jardins, comme s'il s'agissait de meubles à transporter... Donc, un jour, en 2014, pendant les vacances de printemps, je reviens de Barcelone et j'atterris à Nantes pour déposer les enfants chez ma mère. Je vois que l'aéroport existant est totalement vide. Je comprends que cette idée de « déménagement » est stupide. D'autant que l'espace ne manque pas, autour, pour l'agrandir.

Savoir s'étonner; ne pas s'étonner seul. Ivan parle de l'aéroport à un ami nantais, Franco Fedele, architecte lui aussi. C'est un copain d'études animé de convictions écologistes, membre du parti Europe Écologie-Les Verts. Il « connaît des gens ». Avec lui, Ivan Fouquet rencontre Julien Durand, agriculteur « historique » de Notre-Dame-des-Landes, qui porte le béret et travaillait déjà sur les terres condamnées quand leur nom n'évoquait pas encore la Zone à défendre. Il rencontre Françoise Verchère, enseignante, alors maire de Bouguenais, la commune d'implantation de l'aéroport existant, conseillère générale de Loire-Atlantique et fondatrice du Collectif des élu·es doutant de la pertinence de l'aéroport de Notre-Dame-des-Landes, le CEDPA (les aménageurs n'ont pas l'exclusivité des acronymes étranges, il s'en trouve d'assez créatifs dans le camp adverse). Quand Ivan et son confrère nantais prennent contact, ils sont accueillis à bras ouverts. Parmi les experts qui, au sein d'un atelier citoyen, passent au crible les arguments avancés en faveur de la construction d'un nouvel aéroport, il y a déjà des pilotes, ou d'anciens pilotes, des juristes, mais pas d'architectes. Bienvenue.

Ivan se souvient, il raconte de sa voix toujours douce et tranquille.

— Françoise Verchère nous a communiqué un rapport de la Direction générale de l'aviation civile, qui concluait que ça coûterait plus cher d'agrandir l'aéroport existant que de « déménager ». À ce moment-là, moi, j'avais un projet à l'arrêt, j'avais du temps. J'ai tout vérifié, tout démonté. Les arguments étaient mensongers, les estimations aberrantes. Pour agrandir l'aéroport, il fallait détruire certains bâtiments et les reconstruire. Le coût de cette reconstruction a été grossièrement surestimé. Par exemple, la reconstruction d'un chenil, était estimée à 600 000 euros. Pour un refuge qui accueillait quelques chiens... Comment dire ? À l'emplacement indiqué, dans la périphérie de Nantes, c'est le prix d'une belle maison... À Notre-Dame-des-Landes, quelqu'un m'a dit que les expertises publiques ressemblent aux CRS caparaçonnés dans leur équipement. Elles se posent en détentrices exclusives de la légitimité, investies d'un savoir au-dessus de toute contestation. Ça forme comme une cuirasse.

Frédéric Graber, historien de l'environnement, a consacré un livre passionnant[1] à une procédure plutôt

---

1 Frédéric Graber, *Inutilité publique — Histoire d'une culture politique française*, Amsterdam, 2022.

austère : l'enquête publique, consultation préalable à la réalisation de projets dits « d'utilité publique » comme les ronds-points, les lignes de train à grande vitesse, les autoroutes, les aéroports, les piscines d'entraînement olympique, avec leurs équipements afférents... Entre deux visites aux jardins d'Aubervilliers, j'ai lu ce livre comme s'il s'agissait d'un roman à suspense. Expression trompeuse, l'« utilité publique » ne désigne pas ce qui serait utile au public, une contribution au bien commun dont on pourrait débattre. Non, l'expression fait référence à « un droit supérieur au nom duquel les projets peuvent être autorisés », écrit Graber. Et encore ceci : « L'utilité publique est un outil de légitimation de l'action publique. » On tourne en rond, verrouillage parfait.

Comment percer la cuirasse ?

— On a réussi à se procurer les plans de l'aéroport prévu à Notre-Dame-des-Landes. Il était plus petit que l'aéroport existant qu'il s'agissait pourtant d'agrandir ! Alors après, toute l'année 2015, on a travaillé. J'y allais tous les mois... On se réunissait à Nantes, dans une salle prêtée par la mairie grâce aux élus écolos. À la ZAD, oui, on y allait aussi, on a présenté nos travaux là-bas à plusieurs reprises.

Dans le bistrot parisien où se tient notre entretien, l'heure du déjeuner approche. Peu à peu, les buveurs solitaires de café laissent place à de petits groupes qui discutent à pleine voix, commandent la formule du jour et font bruyamment tinter leurs couverts. Ivan et moi nous penchons un peu au-dessus de la table pour nous entendre. Concentré, pensif, Ivan répond à une question. Se l'est-il posée à lui-même pendant cette année 2015 passée entre Paris, Nantes et Notre-Dame-des-Landes ? Ou bien est-ce moi seulement qui la lui ai posée, de but en blanc, dans le brouhaha ambiant ?

— Cette année-là, je venais d'avoir quarante ans, j'avais deux enfants, je faisais partie d'un cabinet d'archi... Je ne me voyais pas trop habiter sur la ZAD. Dans cette lutte, autant mobiliser mes compétences d'architecte. Enfin, je dis ça, mais... je ne voudrais pas me poser en expert par opposition aux militants qui, eux, occuperaient le terrain et ne feraient que ça... En fait, les zadistes aussi ont développé une expertise solide contre le projet d'aéroport, ils ont effectué un travail de documentation important. En même temps, ils ont fait preuve d'un courage énorme. Physique. Je les admire. Je ne crois pas avoir ce courage-là. Moi, je préfère affronter les gens de la Direction générale de l'aviation civile dans une réunion, autour d'une table, avec des plans et des chiffres, plutôt que les CRS sur le terrain... C'est moins dangereux. Puis c'est utile, et réjouissant, de pouvoir parler à égalité avec les experts d'en face. À Notre-Dame-des-Landes, on a réussi à déplacer le débat. Au début, les gens étaient enfermés dans une alternative : pour ou contre le nouvel aéroport. À force de travail, on en a imposé une autre : pour ou contre la rénovation de l'aéroport existant. On a pu le faire parce qu'on a montré qu'une rénovation était praticable.

La suite est connue. Avec sa longue silhouette en roseau et sa voix tranquille, Ivan et les autres ont gagné. Pour mémoire : en 2017, quand Emmanuel Macron accède à l'Élysée, une « mission de médiation » est mise en place. Les médiateurs, parmi lesquels Nicolas Hulot, alors brièvement ministre de la Transition écologique, prennent connaissance des travaux de l'atelier citoyen et font écho à ses arguments. Notamment ceux qu'a développés Ivan Fouquet avec Franco Fedele. Le 17 janvier 2018, le Premier ministre Édouard Philippe annonce l'abandon du projet d'aéroport. Victoire. Gagner, c'est important. Pour le bocage préservé, bien sûr. Aussi pour la suite, toutes les suites. Pour les jardins d'Aubervilliers, par exemple. Comme Ziad, fort de son expérience de délégué du personnel à RFI : « J'ai appris à batailler avec la direction... *J'ai appris que c'est possible, que ça marche.* » Impossible d'oser contester les décisions officielles sans ce savoir-là.

Quoi d'autre ? Il faut un terrain propice. Des convictions intimes, profondément ancrées, de celles qui grandissent à mesure qu'on les défend. Ouvrir l'horizon, « déplacer le débat », ces désirs ne naissent pas complètement au hasard d'un atterrissage, en pleines vacances de Pâques, sur le tarmac d'un aéroport à moitié désert. Ivan présente des dispositions favorables.

— Moi, ce qui m'intéresse, c'est de préserver des espaces naturels ou arables. La question des terres, aujourd'hui, c'est essentiel. Il y a eu tellement de bétonnage, ces quinze dernières années...

Je le retrouve la première fois à son cabinet, niché dans un bel et vieil hôtel particulier rue des Taillandiers, l'une de ces petites rues anciennes et animées qui n'en finissent pas de zigzaguer derrière la Bastille. Nous nous installons dans une salle en entresol, longue, voûtée, il me semble, mais je me trompe peut-être, où persiste dans la chaleur de l'été une fraîcheur relative. Murs de pierres épaisses, rais de soleil à l'oblique, longue table en bois brut, la salle de réunion se partage entre les occupants de l'hôtel particulier, elle n'est donc pas toujours disponible, raison pour laquelle notre deuxième entretien, en novembre, a lieu au bistrot du coin. Le cabinet d'Ivan s'appelle « fair », sans majuscule. En anglais c'est un adjectif qui signifie « honnête » (*fair play*), en français un acronyme pour « Fabrique d'Architectures Innovantes et Responsables ». Hors contexte, l'anglicisme opportun, la coquetterie liée à l'absence de majuscule et les mots-clés hâtivement repérés sur le site Internet pourraient évoquer du *greenwashing* ordinaire, du business astucieusement drapé dans la bannière de l'écologie. Parce que fair se consacre, lit-on, à « la transition énergétique, écologique et sociale », en privilégiant « l'écoute et la co-construction », « la mise en commun des envies », « le projet pensé avec son territoire ». Journaliste, j'ai l'habitude des discours promotionnels à ne surtout pas prendre au pied de la lettre. Si je ne connaissais pas l'action d'Ivan Fouquet à Notre-Dame-des-Landes et à Aubervilliers, je ricanerais sans doute par-devers moi : ha, ha, pas dupe, on ne me la fait pas. Le journalisme incite au ricanement, c'est presque une maladie professionnelle, un travers duquel il faut savoir se déprendre. Parce que dans le cas de fair, ces mots ne sont pas des leurres, ils disent à peu près la réalité d'un travail guidé par des convictions fortes.

— Fair, c'est une Scop d'architectes. Une société coopérative ouvrière de production, sans but lucratif. On est quatre associés-salariés. C'est assez militant...

Fondée en 2015 tandis qu'Ivan multipliait les trajets entre Paris, Nantes et Notre-Dame-des-Landes, la coopérative a mené depuis nombre de projets, on peut le voir sur son site. Tous les architectes affichent leurs réalisations, c'est banal, mais à y regarder de plus près, on repère chez fair des projets qu'on ne trouverait pas ailleurs. À côté d'éco-quartiers, de cafétérias universitaires, d'une ferme urbaine, d'une crèche autonome en énergie et autres chantiers joliment vertueux, on trouve une « étude pour la rénovation de l'aéroport Nantes-Atlantique » : c'est la fameuse contre-expertise d'Ivan qui a fait basculer la décision publique et sauvé 1600 hectares de bocage. On repère aussi un travail en cours « pour la transition territoriale du Triangle de Gonesse », qui, face aux grands projets immobiliers (centres commerciaux, bureaux) entend approfondir la vocation nourricière de ces terres fertiles du nord-est francilien. « On a un associé très investi sur ce dossier », glisse Ivan. Notre-Dame-des-Landes, le Triangle de Gonesse : des projets militants, en effet. Un engagement conséquent, c'est-à-dire politique. L'expertise architecturale et urbanistique mise bénévolement au service des ZAD, c'est l'inverse exact du *greenwashing*.

— Il y a une vingtaine d'années, je me suis formé à l'architecture responsable. J'ai été très marqué par le film *Une vérité qui dérange*[1], avec Al Gore, sur le risque de catastrophe climatique. Pendant mes études, au début des années 1990, le sujet n'était quasiment pas abordé. Dans la conception d'un bâtiment, on pouvait faire n'importe quoi du point de vue environnemental. Des immeubles de verre orientés plein sud, avec la clim en été, le chauffage en hiver... Au début des années 2000, j'ai découvert des matériaux sains, isolants. On peut construire des choses qui font vraiment sens, renouer avec des savoir-faire antérieurs au tout-béton des Trente Glorieuses... Faire avec ce qui est déjà là, réparer.

Dans la salle peut-être voûtée où se tient cet entretien, il fait frais malgré la canicule, et sans clim. Je regarde la pierre épaisse des murs, le jeu harmonieux des ombres et des lumières, la longue table de bois, peut-être récupérée, sur laquelle Ivan a posé ses documents. L'endroit est beau, à la fois austère et doux, sans meubles de designers. Son usage est partagé, de sorte qu'Ivan ne dispose pas d'un bureau individuel où me recevoir. L'architecte engagé ne décroche pas des contrats à plusieurs centaines de millions d'euros pour des bâtiments spectaculaires dont les images font ensuite le tour du monde. Il ne sera jamais une star internationale comme Philippe Starck ou Jean

1 Davis Guggenheim, *Une vérité qui dérange* (en VO, *An Inconvenient Truth*), 2006. Ce film a été inspiré par la campagne de sensibilisation au changement climatique menée aux États-Unis par l'ancien vice-président démocrate Al Gore.

Nouvel. L'idée me vient que cet homme-là vit dans le luxe, oui, ce type à la longue silhouette penchée qui se déplace à vélo et consacre une partie de son temps à préserver un coin de bocage humide en Loire-Atlantique, puis des parcelles de jardins ouvriers en Seine-Saint-Denis. Pas parce qu'il porterait une Rolex ou roulerait en Porsche (il n'en a certainement ni les moyens, ni l'envie), mais parce qu'il travaille selon ses convictions. J'ai été employée plusieurs années à la rédaction d'un magazine économique connu pour son classement des fortunes de France : je sais que travailler selon ses convictions est en ce premier quart de siècle un bonheur qui se conquiert. Et contrairement aux Rolex, aux Porsche, aux yachts et aux jets privés, ce luxe-là gagne à être largement partagé. Je me souviens des années où je voyais avec angoisse revenir, à l'approche de l'été, le numéro vedette de l'année avec sa nouvelle mouture du classement des fortunes de France. Publié au début du mois de juillet, ce numéro comportait des articles sur qui avait grimpé ou chuté dans le classement, des enquêtes sur « les nouvelles stratégies des ultra-riches », et leurs hobbies, leurs yachts, leurs jets privés, ce genre de choses. Au sein de la rédaction, pour faire court, nous l'appelions « le numéro des riches ». Nous le préparions plusieurs semaines à l'avance, nous lui consacrions des réunions spéciales. Un jour, j'ai quitté le journal. D'un mois de juillet à l'autre. En ce torride juillet 2022, j'écoute Ivan Fouquet dans une salle sans climatisation qui forme comme un îlot de fraîcheur dans la chaleur ambiante.

À Aubervilliers, Ivan Fouquet fait comme à Notre-Dame-des-Landes : il élabore un contre-projet.

9

Que faire ?

— À la rentrée 2020, on s'organise, se souvient Ziad.

— Ziad écrit une très belle tribune, se souvient Dolorès, pour faire connaître la situation des jardins. Il l'envoie au *Monde*, qui ne la publie pas. Et à *Libération*, qui la publie[1]. Le titre, c'était : « Nous étouffons ».

— Ivan se documente sur les piscines olympiques, leur emprise au sol, leur cahier des charges, se souvient Ziad. Il produit des visuels.

— On reçoit la visite d'une journaliste de *Libération*, Coralie Schaub, se souvient Dolorès. Elle voit les jardins, elle est impressionnée. Elle revient

1 *Libération*, le 30 septembre 2020.

deux ou trois fois avec un photographe. Elle passe deux jours sur place. En octobre, elle publie un super article. À partir de là, on a plein d'échos médiatiques.

Moi aussi, je me souviens de Coralie Schaub. Nous nous sommes croisées à la rédaction du magazine connu pour son classement des fortunes de France, où nous étions employées l'une et l'autre. Des convictions écologiques l'animaient, moins courantes alors qu'aujourd'hui — ce souvenir remonte à 2009, 2010, 2011. Vêtue de coton recyclé, elle défendait, ou tentait de défendre, dans la mesure du possible, des sujets sur l'environnement qui lui valaient le surnom de « Khmère verte ». Elle a pu en faire passer quelques-uns. Elle avait — a toujours — un sourire éclatant et savait ne pas s'obstiner inutilement. À présent, je lis les articles qu'elle signe dans *Libération*. Les convictions autrefois tenues en laisse, seulement repérables au détour d'une phrase, je les vois s'épanouir en pleines pages. Depuis une dizaine d'années, Coralie Schaub vit dans le luxe, comme Ivan Fouquet — ce genre de luxe qui gagne à être partagé. L'article de Coralie Schaub en suscite d'autres dans *Le Monde*, *L'Obs*, *La Croix*. France Inter consacre des sujets aux jardins d'Aubervilliers.

— On se réunit sous le cerisier de Ziad, se souvient Ivan. Avec Ziad, donc, Dolorès et quelques autres. Une femme me parle du PLUI[1], et là, on découvre

---

1 Le plan local d'urbanisme intercommunal, locution familière dans cette histoire.

qu'en plus de l'emprise de 4000 mètres carrés prévue pour le solarium, Grand Paris Aménagement prévoit aussi une zone UM[1] avec des logements, des bureaux, des hôtels, sur 4000 mètres carrés de plus, au cœur des jardins...

— On comprend que le PLUI contrevient aux règles qui préservent explicitement les espaces naturels en Île-de-France, se souvient Jade.

— Un après-midi de novembre, se souvient Ivan, je participe à une réunion organisée par Grand Paris Aménagement dans ses bureaux du Fort d'Aubervilliers. À l'initiative de Camille Vienne-Théry, l'urbaniste responsable de cette zone, il s'agit de préparer le « déménagement » des jardins — quel drôle de mot, vraiment... Moi, j'entre, l'air de rien, à l'intérieur du Fort. Dans une longue cave voûtée, une énorme maquette figure la zone d'aménagement. Une maquette de bois, très bien faite. De petits bâtiments s'étendent dans les jardins miniatures. « Là, il y aura des constructions, des hôtels », nous explique Camille Vienne-Théry. Je la sens gênée, les décisions prises dans le cadre de ses fonctions semblent contrarier une sensibilité un peu écolo : « Ça ne fait jamais plaisir de détruire des jardins, mais bon... » Il y a là Philippe Fretté, président de l'association des jardins, main dans la main avec GPA. Je suis le seul opposant au projet. Je parle à Camille Vienne-Théry de façon très posée. C'est ce qu'il faut faire,

1 Zone d'urbanisation mixte.

ne pas s'énerver. J'en profite pour glaner quelques infos utiles. J'apprends par exemple que GPA prévoit de « compenser » les parcelles détruites en créant de nouveaux jardins dans un petit bois du côté de Pantin... À ce moment-là, je travaille sur un livret pour montrer qu'une piscine olympique peut tout à fait tenir sur le parking de la gare routière, avenue Jean-Jaurès, sans empiéter sur les jardins. Transposée sur le parking, la piscine olympique de Barcelone n'empièterait pas sur les jardins, ni celle d'Athènes... Je montre aussi que le solarium et le spa peuvent tenir sur le toit de la piscine. Ziad m'aide à l'éditer pour que ce soit accessible et percutant, avec des formules qui parlent aux gens. Il trouve le titre, « Un projet olympien ».

— Ce livret, on l'envoie partout, se souvient Ziad. On cible les décideurs, pour qu'ils ne puissent pas dire, après, qu'ils ne savaient pas... Ils l'ont tous reçu. La maire d'Aubervilliers, Karine Franclet. Le président de la communauté d'agglomérations, Mathieu Hanotin. La présidente de la région Île-de-France, Valérie Pécresse. Le député de la circonscription, Bastien Lachaud, qui nous a soutenus. La maire de Paris, responsable des Jeux olympiques, Anne Hidalgo. Le président du Comité d'organisation des Jeux olympiques et ancien champion de canoë, Tony Estanguet. La ministre de la transition écologique, Barbara Pompili. Le président de la République, Emmanuel Macron. Tout le monde.

— Régulièrement, on va coller des affiches à cinq heures du matin, se souvient Dolorès. Dessus, il est écrit « GPA ment », « Ils veulent bétonner les jardins ». On colle aussi les dessins réalisés par les enfants de la cité Émile-Dubois avec les gens des Brigades de solidarité populaire.

— On rencontre Tony Estanguet, le président du Comité d'organisation des JO, se souvient Ziad. Un ancien champion olympique. Complètement inconsistant... Il vient nous voir avec la maire d'Aubervilliers et la sous-préfète de Saint-Denis. Il nous dit : « Pour les Jeux olympiques, on construit des piscines, des crèches, des choses utiles. » Mais le solarium, le spa ? En fait, les pouvoirs publics utilisent les JO pour faire passer tout autre chose. Ce projet vise précisément à empiéter sur les jardins pour les livrer à une exploitation immobilière extrêmement profitable. Comme un cheval de Troie... C'est un projet pétri de mauvaises intentions.

— On fait du bordel, se souvient Dolorès. On bloque l'accès aux bureaux de GPA dans le Fort. Le gars de Spie Batignolles[1] part assez rapidement... Avec nos banderoles, on se donne rendez-vous au métro Fort d'Aubervilliers, juste à côté. Camille Vienne-Théry, l'urbaniste chargée du projet, essaie de nous empêcher de passer. Elle nous dit : « Vous vous battez pour ces jardins, mais dans vingt ans, qui sait ce qu'ils vont devenir ? » Et nous, on la pousse !

— On est reçus par Anne Coste de Champeron, la sous-préfète, se souvient Jade. Elle fait semblant

1 La société de bâtiment et travaux publics chargée de la maîtrise d'œuvre.

de nous écouter. Sur la destruction annoncée des jardins, elle dit : « On est désolé. [...] On ne peut pas faire autrement. » Elle me parle comme une copine : « Un petit thé ? »

— La sous-préfète se comporte comme un soldat, se souvient Ziad. Elle a le pouvoir de déférer immédiatement le PLUI devant le juge, parce qu'il est manifestement contraire aux règles supérieures de protection de la nature en Île-de-France. Elle ne le fait pas.

— On trouve un bon avocat en droit public, se souvient Dolorès. Ça prend un peu de temps parce que certains n'en ont rien à faire, des jardins ouvriers, et que d'autres n'ont pas le temps. En février 2021, je vais à Gonesse pour l'ouverture de la ZAD, là-bas. Sous une pluie glacée, je rencontre Étienne Ambroselli, spécialiste reconnu en droit de l'environnement. Je lui parle des jardins d'Auber. « Ah oui, je vois », dit-il, puis il demande : « Et vous êtes combien ? » Quand je lui réponds « Une dizaine », il éclate de rire... et il me met en contact avec un confrère par l'intermédiaire duquel on finit par trouver un jeune avocat compétent, très motivé pour nous défendre.

En attendant le jugement, comme pour plaider leur propre cause, les jardins s'ouvrent.

— On organise des visites le samedi matin, se souvient Dolorès. J'ai beaucoup aimé ces moments. Ça permet de raconter la plaine des Vertus, la création des jardins. Les gens ont beaucoup de questions : d'où viennent les jardiniers, qui sont-ils ? Aux adultes, les lieux rappellent des souvenirs d'enfance ou de jeunesse, se souvient Dolorès. Une dame me parle de ses figuiers, en Algérie...

— Des enfants du quartier viennent en sortie scolaire, se souvient Jade.

— Certains ne reconnaissent pas les légumes les plus courants, se souvient Dolorès. Les courges, les choux, même les carottes... Je trouve ça triste. Mais ils voient cet endroit-là, à deux pas de chez eux.

Sur un fascicule édité par le collectif, une photo figure une petite fille brune qui tient délicatement dans ses mains un hérisson (en principe protégé, en France, au titre de l'article L 411-1 du code de l'environnement). Une autre fillette, concentrée, intense, regarde l'animal.

— Une petite fille est venue avec ses parents, indiens ou pakistanais, se souvient Dolorès. Elle était venue une première fois en sortie scolaire avec sa classe de maternelle. On faisait beaucoup de collages. Quand elle a reconnu nos affiches dans le quartier, elle a dit à sa mère : « Je veux retourner là... » Pour tous les visiteurs, je coupe du thym, du romarin, de la sauge, de la mélisse, du laurier. J'explique les enjeux... Un solarium payant sur des jardins ouvriers, ça parle à tout le monde. Certains nous rejoignent dans la lutte.

Ça se précise.

10

Occuper le terrain

— De manière assez secrète, on se prépare à occuper les jardins, se souvient Dolorès. Moi, très tôt, j'ai la conviction qu'il faudra en arriver là. Ziad s'y oppose, il mise sur la communication, le droit...

— Cette lutte, pour moi, c'est une découverte de la réalité, se souvient Ziad. On me parle de Notre-Dame-des-Landes. Vu de loin, je m'identifie mal. Ces gens, les zadistes, sont des radicaux... Mais en fait, Notre-Dame-des-Landes, j'imagine que c'est pareil qu'ici à Auber, puissance mille.

Occuper les jardins, c'est franchir le seuil de la légalité. D'un côté, le patient travail d'influence auprès des élus, des habitants, des journalistes, et le recours devant la Cour administrative d'appel de Paris. De l'autre, la désobéissance civile.

— On rencontre un avocat pénaliste, Matteo Bonaglia, se souvient Dolorès. On prend contact en amont. Il faut s'organiser quand on veut mener certaines actions... Des actions nécessaires, mais dont on pense qu'elles vont pouvoir être criminalisées. Moi, je fais la connaissance de Matteo vers février ou mars. Il participe à une visite du samedi. Il vient voir ce que défendent les militants que lui s'apprête à défendre. Quand on se réunit autour de lui, sous le cerisier de Ziad, il nous dit : « Pour défendre les jardins, vous n'aurez pas d'autre choix que d'occuper. »

Matteo Bonaglia, je le rencontrerai à mon tour, un an et demi plus tard, à son cabinet du XIVe arrondissement parisien. On y reviendra parce que, à lui seul, ce pénaliste engagé mérite plusieurs pages. Pour le moment, en mars 2021, le seuil de la légalité n'a pas encore été franchi. Aux défenseurs des jardins, Matteo Bonaglia explique l'état du droit, les risques pénaux encourus. Il donne des informations sur le déroulement d'une garde à vue. Il faut s'attendre, paraît-il, entre autres choses, à changer plusieurs fois de cellule.

Avril. Bourgeons, éclosions, pépiements, espoirs. Le cerisier se couvre de fleurs délicates. Les dix-sept parcelles destinées à la construction du spa et du solarium (la zone d'urbanisation prioritaire-piscine, dite « zone UP-P ») doivent être évacuées par les jardiniers le 30 du mois, au plus tard. C'est l'échéance fixée par Grand Paris Aménagement. Alors, la procédure pénale, la stratégie judiciaire, c'est bien utile, mais d'abord, il faut se procurer de la paille pour construire les remparts de la future JAD.

— Un samedi, avant le 1er mai, on se rassemble à cinq heures du matin, se souvient Dolorès. On est une soixantaine. Parmi nous, il y a pas mal de gens venus à la manif contre la réintoxication du monde, le 17 avril. Ce matin-là, on réceptionne cinq à six-cents ballots de paille livrés par camion. Des architectes du collectif « Paille Île-de-France » se sont déplacés pour nous aider à construire des remparts en terre-paille, avec des tasseaux...

Écrivant ces lignes, je cherche sur Internet des traces du collectif en question et trouve aussitôt un site sobre jusqu'à l'austérité, parfaitement à jour et bien conçu : « L'association Collect'IF Paille, est-il indiqué, vise à promouvoir et démocratiser l'emploi de la paille dans la construction à l'échelle régionale, en raison de la pertinence du matériau sur les questions de qualités environnementales, sociales, économiques et sanitaires du bâti francilien. » Aux jardins d'Aubervilliers et à Notre-Dame-des-Landes, j'ai déjà remarqué ce mélange déroutant de sérieux méthodique et de subversion déjantée. Mélange décelable, à entendre Dolorès, dans les activités de l'association Collect'IF Paille (dont le nom, soit dit en passant, rappelle plutôt les enseignes du type « Défini'tif, coiffure mixte »). Cette conjonction-là me semble prometteuse, peut-être vitale. Rigueur sans faille et transgression joyeuse. D'une part, d'autre part. D'une part, la collecte de statistiques dynamiques sur la construction en paille (de 2008 à 2023), la classification par système constructif (avec mortier, mortier-plaques...). D'autre part, après le transport en douce, dès l'aube, de cinq ou six-cents bottes de paille jusqu'aux jardins menacés, le support technique pour fortifier la JAD.

— On transporte les bottes de paille jusque vers midi ou treize heures, se souvient Jade. C'est un beau moment, joyeux, déterminé. Le début de la résistance physique.

— Dès le 1er mai, se souvient Dolorès, Grand Paris Aménagement envoie un huissier pour constater l'occupation. Il y a plein de monde, on construit... Sur les remparts en terre-paille, on accroche des banderoles. On peint en grosses lettres : « Des potirons, pas du béton. » C'est un symbole visible, fort.

Pour en arriver là, il a fallu gagner du temps. En avril, tout ne tient qu'à un fil, pourrait dire le proverbe. Pourquoi pas ? Pourquoi des proverbes inconnus, bifurqués, n'auraient-ils pas cours entre ces haies vives ? Puisque les jardins forment au cœur de la ville quelque chose comme un monde parallèle, pourquoi les mots en usage partout ailleurs n'y seraient-ils pas, eux aussi, modifiés ?

Gagner du temps tient à un fil. Un fil ténu, comme l'engagement fragile d'Élise. Âgée d'une cinquantaine d'années, yeux clairs, visage ouvert et gros godillots, Élise est psychologue scolaire à la ville, jardinière aux jardins. Elle a fait des études de biologie, elle a la main verte, ne cherche pas à tout mettre au cordeau. Au contraire, elle aime bien, dit-elle, rêveuse, « quand c'est un peu de traviole ». Du *gangsta gardening*, ici aussi. Je la rencontre en avril 2022, avril à nouveau, un an après la construction des remparts de paille. Sur la nouvelle parcelle un peu hirsute qui lui a été attribuée du côté de Pantin, elle plante des graines de courge.

— Avant, se souvient Élise, j'étais sur une parcelle condamnée, celle avec le cerisier[1]. Quand je suis arrivée aux jardins, en 2018, il était à l'abandon. Avec mon compagnon, on l'a taillé, bichonné. L'été suivant, il a donné des cerises, plein !

Prendre soin des arbres implique encore autre chose.

— J'ai reçu un courrier, se souvient Élise. Je sais qu'on doit libérer les jardins le 30 avril au plus tard. Que mon jardin soit détruit, pour moi, c'est une idée insupportable, je n'arrive pas à y croire. Je mets le courrier dans un tiroir. Puis un jour, je reçois un coup de téléphone de cette femme, là... Vanne-Thierry[2], quelque chose comme ça... Elle travaille pour l'entreprise chargée de virer les gens... GPA ou Spie Batignolles, je confonds... (*Il s'agit de GPA, qui*

1 Pas le cerisier de Ziad, l'autre. L'arbre que j'ai vu en entrant aux jardins pour la première fois, à côté de la cabane qui servait de cuisine et de salon aux jadistes. Celui qui portait dans ses branches la pancarte « Je veux vivre ».

2 L'urbaniste Camille Vienne-Théry.

n'est pas une entreprise mais un établissement public, NdA.) Elle nous faisait visiter les jardins du côté de Pantin, elle disait que c'était pour nous aider à déménager. L'entreprise nous a aidés à transplanter les cassis, les rhubarbes, tout ce qui peut se transporter... Ils ont même aidé mon voisin à transporter un figuier. Et là, au téléphone, elle me dit de partir le 18 avril. Je me souviens de la date. D'un coup, ça devient réel. L'évacuation, la destruction. Je n'en reviens pas, qu'on me demande de partir avant l'échéance ! Partir, ça veut dire débarrasser la cabane à outils et rendre les clés. Au téléphone, je dis à la femme de GPA qu'il n'en est pas question : je ne quitte pas ma parcelle avant le 30 avril. Vers le 25, les ouvriers trouvent de l'amiante dans les cabanes voisines, celles qui sont déjà vidées. Ça retarde les travaux. Un peu avant l'échéance, j'ouvre ma parcelle à la JAD. Je trie les affaires et je passe les clés aux militants.

Parmi ces derniers, j'entends :

— Élise ? Oh, elle n'a pas fait grand-chose...

Irrésistiblement, je pense à ces slogans qui nous invitent à faire « de petits gestes pour la planète ». En général, il s'agit de trier ses déchets, de privilégier les emballages réutilisables, de baisser le chauffage, ces micro-choix nécessaires et dérisoires. Élise recharge l'expression d'une signification rafraîchissante. Elle a refusé de quitter sa parcelle avant l'heure, mettant un petit bâton (oh, un bâtonnet, une brindille) dans les roues bien huilées de Grand Paris Aménagement.

Puis elle a passé ses clés aux défenseurs des jardins. De petits gestes pour la planète.

Plus tard, j'entendrai Dolorès, qui est l'engagement même, expliquer que l'engagement, ce n'est pas tout ou rien. Chacun fait ce qu'il peut, expliquera-t-elle, personne d'autre que vous-même ne vous dictera ce que vous pouvez partager, temps, énergie, argent, compétences. À quel rythme, dans quelle mesure, c'est vous qui voyez. De la même façon, ajoutera-t-elle, c'est vous qui savez ce que vous êtes prêt (ou prête) à risquer. Dolorès, debout sous un beau soleil printanier, s'adressera à une petite foule de gens venus d'Aubervilliers, de Pantin, de Montreuil ou de Paris pour découvrir les jardins, soutenir la lutte, pique-niquer dans l'herbe, au choix ou les trois à la fois. Tout le monde n'est pas prêt à aller en garde à vue pour occupation illégale ou autre acte de désobéissance civile, et ce n'est pas un problème, dira-t-elle en substance, parce qu'on ne vous le demande pas. Elle-même a passé des heures entre les murs d'un commissariat, elle est prête à en passer par là à nouveau s'il le faut. Il suffit qu'un petit groupe de gens déterminés fasse bouger les choses, précisera-t-elle, soudain léniniste, il suffit que d'autres, plus nombreux, les soutiennent, c'est comme ça qu'on gagne. Les visiteurs écouteront. L'intervention rassurera et, paradoxalement, motivera. On se pressera pour se procurer des graines issues des jardins d'Auber, emballées dans de petits sachets joliment décorés au pochoir et pliés, un par un, par Dolorès (ce qui manifeste, soit dit en passant, un engagement à large spectre : des cellules de garde à vue aux arts plastiques). Prix libres, on paie ce qu'on veut, on met la monnaie dans un bocal. Pareil pour les excellents plats bio du repas en plein air, pour les fameux gâteaux à la banane des Brigades de solidarité populaire. L'argent collecté permet de payer les honoraires des avocats. Ça suffit ? Mais oui, dira Dolorès. Dix euros par ci, cent euros par là, ce n'est pas rien. Au fil des pique-niques, des journées portes ouvertes, ça forme une cagnotte qui permet d'agir. Petits gestes. Moi, j'achèterai des graines de tomates cerises mille-fleurs jaunes et des graines d'ancolie. Le nom m'aura plu, peut-être parce qu'il évoque la mélancolie et du même coup la déjoue, mais je ne saurai pas à quoi ressemble cette fleur. Je considèrerai le sachet avec perplexité et amitié. Je penserai planter ces graines chez moi, dans un pot.

— Ce printemps-là, se souvient Élise, je discute avec Dolorès et avec Anne, la photographe[1]. Je suis de leur côté. Je suis une anarchiste qui s'ignore. Dans ma bibliothèque, j'ai *L'entraide*, de Kropotkine[2]. Il faudrait que je le lise, un jour... Je ne crois pas à la compétition, je crois à la coopération, à l'entraide, justement... Dormir sur la JAD ? Ah non, je ne l'ai pas fait. Par choix. Ce n'est pas très confortable. Une fois, je partage un repas avec eux (*les jadistes*), avec leur avocat (*Matteo Bonaglia*), très intéressant. Il y a une envie de refaire le monde, les gens parlent

---

1 Anne participe aux Brigades de solidarité populaire.

2 Piotr Alexeievitch Kropotkine, 1842-1921, théoricien du communisme libertaire aussi appelé anarchisme.

beaucoup... Bon, dans mon métier, j'ai déjà beaucoup de réunions, alors là, quand ils disent « on se réunit », moi je dis « non, merci ! ». En fait, je ne sais pas trop être en groupe... J'aime les autres, mais j'aime être tranquille. Je joue de l'accordéon, je peux en jouer seule. Vivre ensemble, c'est s'organiser, et moi, je ne sais pas très bien m'organiser. Pour aider les jardins, il faut être très présente. Je n'ai pas trouvé le temps... Mon travail avec les établissements scolaires, le jardinage, puis une à deux heures d'accordéon par jour... Tout ça m'absorbe.

Un jour, peut-être, Élise lira *L'entraide, un facteur de l'évolution* de Kropotkine, et moi, je planterai dans un grand pot les graines de tomates cerises mille-fleurs et d'ancolie. Je verrai s'épanouir des pétales inconnus. Peut-être...

— Moi, cet été-là, se souvient Dolorès, je dors deux mois sur place, dans la cabane d'Ugo, un jardinier. Autour, il y a beaucoup d'ateliers, par exemple pour apprendre des techniques potagères... Il y a des films, des fêtes, des débats, des assemblées, des repas en plein air, des soirées de lecture... C'est une période très forte. Tout le monde peut venir, tout le temps. Pour entrer, il suffit de composer un numéro de portable affiché sur la grille, quelqu'un vient. Les jardins n'ont jamais été si ouverts. Bien sûr, il y a des difficultés... En mai, cette année-là, il pleut beaucoup. Et les rats ! Ils rôdent, attirés par les cuisines ! Je suis un peu phobique des rongeurs. Une nuit, quelqu'un a laissé de la bouffe pas loin, j'entends les rats... Je ramasse mes affaires, je pars ! (*Elle rit*). Bon, c'est pas grave. La JAD, c'est une aventure, ça rend la vie plus belle. Une fraternité s'installe à ce moment, la lutte nous rend très proches... Je pense à ceux qui ont choisi de venir défendre les jardins, d'y vivre pendant ces mois-là... Anne, Corentin, Aline, Youn, Chloé...

Plus tard, je verrai les photos de la JAD. Les militants veillent à documenter le monde parallèle, à construire la légende. Sur une photo, une étonnante tour de guet en bois se dresse, fière, un peu de guingois, peut-être, sur fond de ciel bleu pommelé de nuages blancs. Au premier plan, des branchages, des feuilles, plus loin des roses ; à l'arrière-plan, de longs bâtiments de béton. Sur une autre photo, un homme torse nu agenouillé devant un bac plein de terre manipule des jeunes pousses. Il veille sur une petite fille, âgée de six ou sept ans, qui creuse un trou à l'aide d'une tige, et sur un petit garçon qui verse avec soin l'eau d'un arrosoir. Derrière l'homme, un bosquet, des fleurs jaunes, et une pancarte où l'on peut lire : « Bouturons nos colères. »

Et celle-ci ! Juchés sur de hautes bottes de paille, fortifications à demi couvertes de bâches en plastique, cinq enfants d'une dizaine d'années se dressent sur fond de béton et de ciel bleu. Un garçon en T-shirt regarde vers l'appareil, cheveux châtains un peu longs, il ressemble à un héros romantique du XIXe siècle. De profil, une très jeune fille, plutôt une enfant, porte un pantalon de jogging noir estampillé Nike en grosses lettres blanches avec le *Swoosh* assorti ; ses cheveux bruns sont retenus en queue-de-cheval, sur son front une mèche s'est échappée et ondule au vent. D'une main ferme, un autre gamin brandit une longue tige de ferraille sur laquelle pavoise une étoffe un peu effilochée. Le rouge du drapeau improvisé claque dans le ciel. Sur leur arche de paille, les enfants semblent voguer à l'aventure, mais pas au hasard. Ils savent où ils vont. Ou plutôt, ils sont arrivés à bon port, ils accostent sur une île souveraine de 4000 mètres carrés, ils hissent le drapeau. Grandes vacances. Barricade, robinsonnade, piraterie, révolution. J'ai pris une photo de cette photo. En zoomant, je repère un peu plus bas, à gauche, une autre tige de ferraille, sans doute plantée dans la terre-paille... Qu'est-ce que c'est que ça ? À son sommet est fichée une tête — comme une tête de poupée décapitée, ou bien l'une de ces têtes-mannequins en plastique qu'on offre parfois aux filles pour jouer à la coiffure, au maquillage. La joue de la poupée est maculée de terre ou autre substance sombre. Cette image défie toute mièvrerie, elle dit : ici, maintenant, on prend le pouvoir.

11

Saccage

Aubervilliers, jeudi 2 septembre 2021. Ciel bleu clair. Le jour se lève.

Il n'y a pas foule ce matin-là, aux jardins. Oiseaux, hérissons, coccinelles, abeilles, fourmis, bien sûr. Les chauves-souris s'endorment dans les anfractuosités minérales que recèlent les murailles du Fort. Une douzaine de militants dorment dans les cabanes. Dolorès séjourne à Notre-Dame-des-Landes. Une réunion d'établissement empêche Élise, lève-tôt, de passer de bonne heure récolter sur sa nouvelle parcelle des courges bientôt écrasées de soleil. Ziad, Jade, Benjamin, Corentin et les autres ont réglé leur alarme entre six heures et sept heures, ils s'apprêtent à déposer leurs enfants à l'école, à la crèche ou chez l'assistante maternelle avant de se mettre eux-mêmes au travail. On sort à peine de l'été. Les gamins étrennent un nouveau sac, certains sont surexcités, d'autres ont sommeil, ils n'ont pas incorporé le rythme qui sera le leur désormais, cinq jours par semaine pendant les mois à venir, réveil tôt, trajet, sonneries, rangs par deux, consignes, temps compté. Ils gardent en tête les vacances, les pique-niques aux jardins, les fruits cueillis sur l'arbre, les pieds nus sur l'herbe, les douches express sous les tuyaux d'arrosage, mais il n'est plus temps, allez, dépêche-toi, on va être en retard. C'est la rentrée.

Vers six heures, sur instruction de Grand Paris Aménagement et en présence d'Anne Coste de Champeron, la sous-préfète qui proposait un thé aux défenseurs des jardins, la police évacue les occupants de leurs cabanes. Certains refusent de bouger, ils sont traînés à terre, placés en garde à vue. Place nette. Sous protection policière, les bulldozers et les pelleteuses de Spie Batignolles, la société de travaux publics responsable du projet de centre aquatique, entrent dans ce qui était la JAD. Finie l'hétérotopie. Entre l'avenue Jean-Jaurès, l'avenue de la Division-Leclerc et les douves du Fort s'étend désormais un terrain constructible qu'il faut urgemment débarrasser de ses arbres, cabanes, tour de guet en bois, remparts de paille, plantations, ruches, nids et autres encombrements. Le temps presse, il reste moins de trois ans avant les Jeux olympiques de juillet 2024. À cause de la JAD, les travaux ont déjà pris du retard. Pendant deux jours, les jardins familiaux dans leur ensemble deviennent une zone interdite. Les jardiniers ne peuvent plus accéder aux parcelles restantes. Envoyés tout exprès, policiers et vigiles les en empêchent pendant que les bulldozers s'activent, déracinent, écrasent. C'est long de faire pousser un arbre ; on passe de longs moments ensuite, sous son ombre chaque année plus dense. C'est l'histoire d'une vie, de plusieurs vies — celle de l'arbre et celle du jardinier se mêlent, on dit : « Tu te souviens ? C'était l'été dernier, sous le cerisier... » C'est très rapide de détruire cet arbre, cette ombre, ces vies mêlées, il suffit de bulldozers, de cordons de vigiles et de quelques heures. La vie foisonnante, multiple, laisse place au vide de la terre retournée. Je l'apprends à distance sur ce réseau qui s'appelait alors Twitter, faux oiseau numérique. 280 signes suffisent à dire le saccage. Sur une vidéo mal cadrée, filmée à l'arrache, je vois le jaune impitoyable des bulldozers, leurs formes géométriques de jouets géants. Les machines cassent l'entremêlement sophistiqué des végétaux. Bientôt, plus de feuillages, plus d'oiseaux, plus rien qu'un cratère. Les arbres, les cabanes, la tour de guet en bois, les remparts de paille, les plantations, les ruches, les nids, devenus des déchets, seront évacués, triés, détruits.

Partie II — Côté ville

12

Embrouille

Quand j'ai commencé à exercer le métier de journaliste, j'ai travaillé dans un hebdomadaire financier. Pourquoi je m'étais égarée là, c'est une autre histoire évoquée dans un autre livre, *Journal intime du capitalisme*[1]. Si j'y pense à présent, enquêtant sur le saccage des jardins, c'est que ma cheffe d'alors, me voyant consacrer pas mal de temps à mes sujets et chercher à en faire le tour, m'avait donné un conseil.

— Il ne faut pas que tu interviewes trop de gens, avait-elle dit. Sinon, ils ne vont pas être d'accord entre eux, ça va t'embrouiller.

Je n'ai jamais oublié ce conseil. Il m'a été utile comme une boussole qui indiquerait très

1 Ève Charrin, *Journal intime du capitalisme*, éditions Maurice Nadeau, 2023.

précisément le sud. Avec constance et dans la mesure du possible, je me suis efforcée de pratiquer le journalisme en suivant la direction inverse de celle qu'elle pointait. Bien sûr, il arrive dans la presse qu'on doive faire vite et simplifier. Bien sûr, il faut proportionner le temps consacré à l'enquête au format de l'article à écrire. Calibrer, en quelque sorte. Et alors ? Schématiser les désaccords vaut mieux que les éluder. Je me souviens du nom de ma cheffe d'alors, un nom un peu rustique orné d'une particule. Je sais gré à cette femme d'avoir formulé, en toute candeur et *a contrario*, un pôle magnétique vers lequel m'orienter. « Ça va t'embrouiller. » Point cardinal. Faire état de la complexité du monde — de son intrinsèque conflictualité. Interviewer des gens qui ne sont pas d'accord entre eux et ne le seront jamais parce qu'il ne s'agit pas d'un malentendu. Laisser résonner en soi ces désaccords qui sont la réalité même. Les donner à entendre au lecteur. S'embrouiller. Se débrouiller. Raconter l'embrouille.

Qui, en cette troisième décennie du XXIe siècle, défend la construction d'un éco-quartier par la destruction de jardins urbains ? Qui se démène pour remplacer les cultures fertiles d'un quartier populaire par un « solarium minéral », un « spa finlandais », un « espace fitness » ou un « village suédois » ? Vraiment, je suis curieuse de rencontrer ces décideurs-là, de les entendre. Quels sont leurs arguments, leurs motifs ?

Côté pot de fer, « côté ville »... De ce côté-là, celui du pouvoir, je pressens paradoxalement une moindre importance des gens. Je veux dire : les convictions, les rêves, les désirs de chacun importent assez peu. Ce qui importe, c'est la mécanique institutionnelle, l'engrenage compliqué dont les principales roues dentées, de tailles inégales, parfois mal ajustées, seraient la mairie d'Aubervilliers et l'établissement public Grand Paris Aménagement. S'y ajoute l'établissement public territorial dénommé Plaine Commune, qui regroupe neuf villes de Seine-Saint-Denis dont Aubervilliers. Aussi la société de bâtiment et travaux publics Spie Batignolles, chargée de construire le centre aquatique. Et l'agence d'architecture Chabanne, « durable et écologique » selon son site Internet, qui a conçu le projet. D'autres encore qu'il serait fastidieux d'énumérer ici. À la manœuvre, des hommes et des femmes, bien sûr, mais pris dans des logiques de pouvoir et des considérations d'argent. Le tout forme une machine aussi peu attentive aux lieux et aux liens qu'un engin de chantier, une machine redoutable. Comment fonctionne-t-elle ?

Identifier ceux et celles qui tiennent les commandes, ou croient les tenir. Leur poser les questions : « Qu'est-ce que vous avez fait ? Pourquoi ? »

Après avoir entendu les défenseurs des jardins, entendre les raisons de ceux qui pensent que c'est une bonne idée de les détruire. Entrer dans leurs raisons, surtout quand elles sont embrouillées.

Il peut suffire, pour s'embrouiller, d'un unique interlocuteur aux prises avec des injonctions contradictoires ou avec ses propres conflits de loyauté. Tous les journalistes (heureusement) ne craignent pas, comme mon ancienne cheffe, de recueillir auprès de leurs différents contacts des propos éventuellement inconciliables. Reste que nous cherchons — ou nous présupposons, et ce faisant, nous construisons — de la cohérence chez chacune des personnes interrogées. Qui voudrait citer, de la part d'une même source, des propos décousus, contradictoires ? La plupart du temps, quand j'écris un article pour un journal, je construis de la cohérence. Je pense au format toujours limité dont je dispose. Au lecteur, qui n'a pas que ça à faire et pour qui la lecture d'un article de presse ne doit pas s'apparenter à un casse-tête. Alors je choisis, dans le flux des propos tenus, la phrase ou les quelques phrases qui me paraissent résumer avec justesse la position de mon interlocuteur. « Je soutiens Untel. » « La France doit changer de modèle », *etc.* Et ce, quitte à laisser de côté les éventuelles réserves, et surtout, les incohérences. Nous procédons tous ainsi, et si une source s'embrouille trop, nous irons interviewer quelqu'un d'autre, le « bon client », plus clair, moins équivoque. Mais un livre n'est pas un article de presse. Ici, le format long laisse le temps de s'embrouiller et de se débrouiller. L'embrouille fait partie du sujet. Intuition, hypothèse de travail : sans incohérences, sans croyances informulées, les jardins n'auraient pas été détruits. Mon interlocuteur s'empêtre, se contredit ? Parfait. Ça m'intéresse. Il en sera fait état. Il faudra entrer dans ses embrouilles internes. En ressortir, quand même, en s'ébrouant un peu. Voilà, un peu de méthodologie ne fait jamais de mal : s'embrouiller, se débrouiller, s'ébrouer.

13

Hypercentre

Moins de dix kilomètres séparent, à vol d'oiseau, les jardins ouvriers des Vertus des bureaux du groupe immobilier Quartus, rue Paul-Cézanne, dans le VIIIe arrondissement parisien. Et pourtant. Des pièces exiguës et sonores d'un appartement HLM de la cité des Courtillières, jouxtant la poussiéreuse avenue de la Division-Leclerc, jusqu'à cette rue calme au cœur des beaux quartiers de la capitale, spécifiquement jusqu'aux étages élevés qu'occupe le siège social de Quartus, là où opèrent les cadres dirigeants de l'ensemblier urbain, la distance sociale est considérable. La franchir exigerait l'énergie de plusieurs générations — et encore, avec une bonne dose de chance. Conçu pour éblouir plus que pour accueillir, le hall présente les dimensions imposantes d'une église, voire, dans ma mémoire, d'une cathédrale (la mémoire exagère parfois). Surfaces lisses, réfléchissantes. Dureté minérale.

On est très loin des jardins ouvriers. Ce matin de juillet 2022, j'attends, à un étage élevé, assise sur un pouf aux lignes design, de couleur vieux rose dont je pense m'inspirer pour mon propre salon — un coussin dans ces tons-là serait joli, il me semble. Ce faisant, distraitement, tout en feuilletant une revue sur l'aménagement urbain mise à la disposition des visiteurs, je reconnais l'autorité du lieu, ou plutôt l'autorité de l'instance qu'incarne ce lieu. J'y vois, brièvement, l'arbitre du bon goût et des élégances, donc je constate et, de fait, j'accepte son pouvoir. Ces choses-là se font toujours sans qu'on y pense. À l'inverse, quand je m'arrête au café Casanova, à l'angle de la rue Émile-Dubois et de l'avenue de la Division-Leclerc, à Aubervilliers, j'apprécie la pause, je trouve l'endroit sympathique, à vrai dire légèrement accueillant, mais je n'ai jamais eu l'idée de puiser dans sa décoration des inspirations pour mon foyer. À quoi je mesure à nouveau, en moi-même cette fois, l'effet de la distance sociale entre la périphérie reléguée et l'hypercentre de la ville-monde. Bref. Ce matin d'été, à mi-chemin entre l'Élysée et la place de l'Étoile, j'ai rendez-vous avec Thierry Lajoie, le directeur de la stratégie de la société Quartus. Groupe immobilier important, Quartus est présenté sur son site Internet comme une « plateforme de compétences immobilières », un promoteur de « la ville avec vue sur demain » (*sic*), un « acteur engagé de la transformation urbaine » qui « propose à [ses] clients une offre complète de logements résidentiels, de bureaux, de résidences gérées, de logistique urbaine ». On imagine aisément que ses cadres travaillent régulièrement avec les urbanistes de Grand Paris Aménagement et que, pour le promoteur privé, des contacts privilégiés avec l'établissement public soient utiles, même indispensables. Justement, par une coïncidence qui ne tient en aucune façon du hasard, Thierry Lajoie a dirigé Grand Paris Aménagement[1] de 2013 à 2020. Il a exercé cette fonction jusqu'au 1er septembre 2020, très exactement — le directeur-général de GPA a quitté son poste à cette date, alors que se formait à Aubervilliers le collectif de défense des jardins ouvriers. « GPA ment », clamaient les affiches collées à proximité des jardins. Quels ont été au juste ces mensonges, qu'en dira de son côté Thierry Lajoie ? Le voici qui arrive, la petite soixantaine, silhouette solide, crâne lisse, costume sombre, air affable.

— Il fait bon, observe-t-il, pas encore trop chaud, on monte sur la terrasse ? On sera plus tranquilles pour discuter.

Allons-y. Mais avant, et au risque de casser le suspense, il faut préciser qu'à ce moment, en juillet 2022, l'affaire est tranchée. Solarium, spa finlandais, village suédois, hydra splash... De quelque façon qu'on appelle les extensions de la piscine d'entraînement olympique prévues sur les parcelles rasées, celles-ci ne seront jamais construites. Pas davantage les logements, bureaux et hôtels qui devaient s'étendre sur d'autres milliers de mètres carrés de jardins, plus au

1 Auparavant l'Agence foncière et technique de la Région parisienne, l'AFTRP.

sud, en direction de Pantin. Ce matin radieux de juillet 2022, comme je monte vers la terrasse en compagnie de Thierry Lajoie, ancien directeur-général de Grand Paris Aménagement, le juge administratif a déjà annulé le plan local d'urbanisme intercommunal en raison de son illégalité. Je le sais, Thierry Lajoie le sait, ce qui colore évidemment notre échange. L'affaire des jardins d'Aubervilliers s'est soldée, pour l'aménageur, donc pour lui-même s'il s'identifie à l'institution qu'il a dirigée, par un cuisant échec. En gros, je lui demande : comment une décision manifestement désastreuse, de surcroît illégale, a-t-elle pu être prise ? Qu'est-ce qui vous y a amené ? Aussi circonstanciée et astucieuse soit-elle, sa réponse ressemblera forcément à une justification. Cet homme de pouvoir se trouve en quelque sorte sur la défensive, mais enfin il a accepté l'entretien, et avec plaisir, dit-il. Il a ses raisons et veut les faire connaître.

De la terrasse, au sommet de l'immeuble occupé par les bureaux de l'ensemblier urbain Quartus, la vue est à couper le souffle. D'un côté, l'Arc de Triomphe, de l'autre, bleutée dans le ciel du matin, poétiquement nimbée de pollution aux particules fines, la tour Eiffel. Toute magnificence est démonstration de force. D'ici on surplombe la ville-monde, on domine sans aucune gêne. L'affairement continu des véhicules et des passants se réduit à un bruissement léger, continu, un murmure largement couvert par celui des abeilles et des guêpes. Parce qu'il y a ici, à cet étage élevé d'un immeuble érigé dans le cœur minéral de Paris, des abeilles et des guêpes. Il y a des ruches, explique Thierry Lajoie, soucieux de savoir si je suis incommodée par les insectes (non, non, tout va bien) et le problème, précise-t-il, c'est que les guêpes chassent les abeilles. Ni lui ni moi ne songeons alors qu'à moins de dix kilomètres, sur les parcelles détruites des jardins d'Aubervilliers, il y avait aussi des ruches. Elles ne remplissaient pas la même fonction symbolique qu'ici, sur cette terrasse joliment arborée dans un des quartiers les plus densément bâtis de la capitale. Pas étonnant qu'ici pollinisateurs se fassent la guerre : en dehors des arbustes ornementaux sur les terrasses environnantes, des fleurs de marronniers sur les boulevards, quels pollens les abeilles et les guêpes de la rue Paul-Cézanne trouvent-elles à récolter dans ce paysage de bitume, verre, béton, ardoise, acier et pierre de taille ? À Aubervilliers, les abeilles n'avaient pas pour fonction de signaler un souci de l'environnement, une attention à l'écosystème, ce genre de choses. Elles butinaient, tout simplement (et butinent toujours les fleurs restantes, du moins peut-on l'espérer, ce n'est pas absolument certain car leurs ruches ont été « déménagées », déplacées, et avec les ruches, leurs zones de pollinisation, leurs repères et autres habitudes d'abeilles dont ni Thierry Lajoie ni moi n'avons aucune idée). Elles produisaient du miel. Ce miel était récolté et mangé par des gens pour qui il ne représentait pas une réassurance écolo ou un miroir flatteur, mais une réelle économie, et quelque chose de profondément satisfaisant : le fruit de leur travail et de leur jardin. Ici, sur la terrasse de la rue Paul-Cézanne avec vue imprenable sur l'Arc de Triomphe et la tour Eiffel, les abeilles et les guêpes viennent tournoyer autour de nous, attirées par les deux verres d'eau fraîche qu'une jeune femme discrète vient d'apporter sur un petit plateau. « Vraiment, s'inquiète Thierry Lajoie en hôte attentionné, ça ne vous dérange pas ? » L'entretien peut commencer.

14

Le Fort

— C'est une histoire complexe, soupire Thierry Lajoie, songeur. Il y a beaucoup de jeux de pouvoirs...

Se calant solidement dans sa chaise de jardin, il ajoute :

— On ne comprend pas l'histoire de la piscine si on ne comprend pas l'histoire du Fort, si on ne se réfère pas aux fonctions anciennes du Fort, à la fin des années 1970, au début des années 1980. Tout vient de là.

En 1980, Thierry Lajoie fête ses dix-neuf ans. Étudiant en droit à l'université Panthéon-Sorbonne, il travaille en parallèle comme assistant de Pierre Bérégovoy, futur Premier ministre alors secrétaire national du Parti socialiste. À peine sorti de l'adolescence, le jeune homme prépare la campagne présidentielle de François Mitterrand. Lors de la victoire historique du 10 mai 1981, il n'a pas vingt ans, il a la vie devant lui, de l'ambition et tout le temps de collaborer avec les poids lourds du Parti désormais au pouvoir, ceux qu'on appellera drôlement « les éléphants ». Pierre Bérégovoy à ses débuts, puis Jean Poperen, Laurent Fabius, Jack Mellick, Jack Lang, successivement Ségolène Royal et François Hollande lors de leurs campagnes présidentielles respectives, enfin l'écologiste Cécile Duflot, ministre dite « de l'Égalité des Territoires et du Logement », qu'il conseille sur le Grand Paris avant de prendre, justement, la direction de Grand Paris Aménagement. Thierry Lajoie, que sa notice Wikipédia présente succinctement, avec une modestie presque suspecte, comme un « homme d'affaires », est un homme de pouvoir. Lorsque, des mois plus tard, j'écoute l'enregistrement de notre entretien, le constat se confirme. Les inflexions de sa voix présentent une diversité soyeuse, des variations maîtrisées, presque mélodieuses. Au détour de phrases sophistiquées, l'accent tombe comme un couperet sur quelques mots brusquement — brutalement — chargés de sens, martelés, devenus slogan. À l'inverse, mon interlocuteur exprime de façon presque inaudible une réserve cruciale, une précision essentielle ou une contradiction manifeste... Comme Gérard Muller, l'alors vice-président de l'association des jardins ouvriers des Vertus, Thierry Lajoie vient d'un autre monde, quoique plus remarquablement adapté à celui qui est à présent le nôtre. Sa trajectoire personnelle lui permet de traverser sans effort d'épaisses couches de temps (le suicide de Pierre Bérégovoy en 1993, le tournant de la rigueur dix ans plus tôt...). Avec une bonne inspiration, un peu d'air dans les poumons, mon interlocuteur plonge comme en apnée jusqu'aux grandes années du Parti socialiste qui coïncident avec sa propre jeunesse. Qui correspondent aussi, à l'en croire, à l'origine de l'affaire des jardins en cet espace-temps particulier qu'est le Fort d'Aubervilliers à la fin des années 1970, au début des années 1980.

— Le Fort, c'est une emprise militaire. C'est un foncier public de l'État qui, progressivement, à partir de 1973, se désaffecte...

Le Fort n'est plus le Fort. Quoi, alors ?

— ... et qui, au fur et à mesure que le temps passe, connaît plusieurs ébauches de projets de substitution aux équipements publics et aux infrastructures administratives qui devaient le quitter...

Rien n'empêche de voir dans le devenir du Fort celui du pays tout entier. Par métonymie : la partie pour le tout. Le Fort a changé, c'est sûr, et tant qu'à remonter le temps, autant remonter plus loin encore, à travers des époques dont ne subsiste aucune trace vivante dans la mémoire de quiconque, près de deux siècles en arrière, jusqu'à sa construction dans les années 1840. Initialement, le Fort d'Aubervilliers fait partie des bastions qui, à proximité de la capitale, doublent l'« enceinte de Thiers », ces portes, poternes et barrières qu'on appelait autrefois familièrement « les fortifs », dont le tracé correspond peu ou prou à l'espace limitrophe et inhospitalier qui sépare aujourd'hui les boulevards des Maréchaux du boulevard périphérique. Premier ministre de Louis-Philippe, Adolphe Thiers voulait protéger Paris : de quoi ? Officiellement, on redoute une invasion étrangère. Peut-être aussi veut-on enclore une éventuelle insurrection populaire, un embrasement qui, forcément, aurait pour foyer Paris et ses faubourgs. À Aubervilliers, le Fort se situe à un kilomètre de l'actuel périph, zone autrefois stratégique où se livrent aujourd'hui, sur fond d'intenses spéculations immobilières, des batailles d'un autre ordre. « Je crois à l'esprit des lieux », glisse Thierry Lajoie, mais l'esprit qui flotte sur ces trente-six hectares paraît ambigu, insaisissable. Pour ses concepteurs, ce pentagone à cinq bastions partout creusé de casemates, équipé de deux casernes et de deux magasins de poudre, devait permettre de contrôler « la route des Flandres », qu'on appelle aujourd'hui la RN2, et à cet endroit, l'avenue Jean-Jaurès. Je lis que pendant la Première Guerre mondiale, l'armée française installe dans l'enceinte fortifiée ses Ateliers de Fabrication des Obus Toxiques, manufactures d'armes chimiques bientôt prohibées par les conventions internationales. Que dans les années 1920 et 1930, Irène Joliot-Curie et son mari Frédéric Joliot mènent dans ses casemates des expériences sur la radioactivité. Militarisation, répression, toxicité : une étrange ascendance pour un éco-quartier. Gérard Muller, le vice-président de l'association des jardins des Vertus, a évoqué lors de notre rencontre les expériences menées au Fort sur le radium, il semblait fier d'être lointainement associé au prestige de la recherche scientifique, aux prix Nobel des Joliot-Curie, peut-être aussi au mystère dangereux des radiations, à leur puissance. Parce que les jardins, le Fort, depuis le début du XXe siècle, c'est tout un. Sur l'ancienne plaine maraîchère des Vertus, les jardins occupent les glacis nord-est du Fort. À deux pas des obus chimiques et du radium 226, on fait pousser oignons, navets, patates, tomates, roses trémières, on prend le frais sous les tonnelles. Sous l'Occupation, le Fort d'Aubervilliers abrite des troupes allemandes. Il faut imaginer que le drapeau du IIIe Reich flotte au-dessus des bastions tandis que sur le glacis, plus que jamais et désormais avec la bénédiction du régime de Vichy, on cultive pour se nourrir. Aussi idylliques qu'ils puissent apparaître aujourd'hui, les jardins ne peuvent échapper aux époques qu'ils traversent. Comme tous ceux qu'ils éblouissent, je crois trouver derrière leur pauvre grillage une île préservée du monde, mais en réalité les jardins sont poreux aux calamités ambiantes. Bref. Avec la paix, la construction européenne, vient un jour où le contrôle de l'avenue Jean-Jaurès ne présente plus aucun intérêt stratégique. L'enceinte fortifiée perd sa raison d'être. Thierry Lajoie a mentionné une date, 1973 : fin de l'emprise militaire. Après ? Esprit des lieux, où es-tu ? Des ferrailleurs s'installent. Sur des photos vieilles d'un demi-siècle, on voit une casse, des bagnoles défoncées empilées les unes sur les autres. Des danses, aussi. Au début des années 1980, les gamins des alentours viennent là se défier dans une langue nouvelle venue du Bronx, le hip-hop, à côté des tours jumelles qu'on appelle les tours gendarmes parce qu'elles ont servi à loger des gendarmes. En 1984, l'ancien ministre de François Mitterrand, Jack Ralite, tout juste élu maire d'Aubervilliers sous la bannière du Parti communiste français, y organise le premier festival de hip-hop de France. Thierry Lajoie s'en souvient, il est venu sur le Fort voir triompher une culture urbaine toute neuve — « J'étais jeune »... À proximité d'un bastion vide, quelqu'un élève des chiens sans trop se soucier d'autorisations ni de contrôles vétérinaires. Poussent des herbes hautes. Ensauvagement, acacias, oiseaux, jeunes ruines, ferraille. Ça ne va pas durer éternellement, trente-six hectares à un kilomètre de Paris, c'est une aubaine, qu'est-ce qu'on en fait ?

— À la fin des années 1970, au début des années 1980, personne n'imagine que cette future friche qui appartenait à l'État puisse avoir une autre vocation que le service public... Les projets qui à l'époque ont été imaginés, et qui se succèdent, ce sont toujours des projets de service public. Une université, un hôpital, d'autres infrastructures...

Mon interlocuteur parle de cette époque comme si à la fin des années 1970, au début des années 1980, quand il avait vingt ans, il présidait déjà aux destinées du Fort d'Aubervilliers. Comme si c'était la grande affaire de sa vie. Du moins est-ce l'impression qu'il me donne alors, grave, concentré, indifférent aux abeilles et aux guêpes qui viennent tournoyer au-dessus de nos verres d'eau. Thierry Lajoie parle avec une intensité sourde.

— ... C'est ensuite, plus tard, qu'est venue la proposition, assez naturelle, *non pas de bétonner le Fort d'Aubervilliers, mais...* au fur et à mesure que ses fonctions s'élargiraient, d'en faire un quartier mixte. Comme on fabrique la ville aujourd'hui, et non comme on la fabriquait hier, c'est-à-dire avec à la fois des logements, des commerces, des équipements, de la nature, de la culture... C'était, je crois, en 2010.

Trois ans plus tard, Thierry Lajoie prend les commandes de l'établissement qu'il transformera et rebaptisera ensuite Grand Paris Aménagement. Il découvre le projet, dont il me confie que ce n'est pas sa tasse de thé. Il n'aime pas le plan de masse, cette représentation aérienne du projet qui consiste, dit-il, en un éco-quartier « un peu hors-sol » avec « une grande pelouse où poser ses tongs à l'entrée ». Il me parle de « venelles en impasses » qui lui paraissent inadaptées et le contrarient beaucoup. J'écoute, je pose des questions, mais peu importent en réalité les venelles en impasse d'un projet ancien à jamais enterré, remplacé. Ce n'est pas le sujet. Dans le flux harmonieux d'une phrase longue et sophistiquée comme il les affectionne, Thierry Lajoie est passé d'une époque à l'autre, d'un monde à l'autre, comme ça, en douce, en un souffle. Il a évoqué, même si c'est par prétérition, en disant qu'il ne s'agissait pas de ça, la bétonisation du Fort d'Aubervilliers. J'ai l'habitude des prétéritions, même si j'en emploie peu moi-même : j'ai pu constater que les gens de pouvoir manient volontiers cette figure de style qui dit sans dire et paraît parfois à la limite du lapsus. Par exemple : « Nous ne souhaitons pas entamer une procédure judiciaire... » (sous-entendu : nous pourrions le faire, nous y pensons, nous y sommes prêts). L'équivalent familier, plus drôle, tourne en dérision cette volonté de passer à la fois en force et en douce : « Je dis ça, j'dis rien... » Une question s'impose.

— Alors, sur le Fort, on est passé de projets de services publics à un projet immobilier privé ?

— Oh non... Non, non, non... On s'en fichait ! La question public ou privé, c'est assez secondaire... Assez secondaire.

Thierry Lajoie n'a plus l'air rêveur. Vaguement las, peut-être.

— On sait bien que, de toute manière, dans les équilibres économiques des opérations d'aménagement qui existent, ce sont les mètres carrés de logements ou de bureaux vendus qui financent l'intérêt général. C'est ce qui finance l'espace public. C'est ce qui finance l'école, la rue, le trottoir. Sinon, il n'y a pas d'équilibre économique. Donc, de toute manière, là... Il faut arrêter l'hypocrisie sur la fabrication de la ville. C'est le mètre carré vendu qui finance le public.

Thierry Lajoie évoque ces partenariats urbains privés (PUP) par lesquels les collectivités publiques autorisent des opérations immobilières sur leur territoire en échange du financement d'équipements publics. Vous voulez construire cent logements et quinze bureaux sur ces parcelles que vous avez acquises ? D'accord, on vous donnera le permis de construire. Mais en échange, vous paierez la crèche, le local associatif, la réfection de la chaussée. Donnant, donnant.

D'un coup, la voix de Thierry Lajoie se fait plus rapide et plus sourde, presque inaudible (je dois réécouter plusieurs fois ce passage de l'enregistrement) :

— C'est d'ailleurs un problème parce que ça concourt à l'enchérissement...

Puis, d'une voix haute et ferme quoique toujours un peu lasse, comme devant un public ignorant on énonce une loi de la physique, une formule mathématique ou encore un rapport de force essentiel avec lequel il va bien falloir composer :

— Le privé finance le public. C'est comme ça... C'est comme ça.

À nouveau la voix sourde, presque inaudible :

— On peut le regretter... Je fais partie des personnes qui sont assez militantes et qui pensent que tout ça a pris un tour exagéré, mais... enfin...

La phrase reste en suspens.

Aux prétéritions qui disent sans dire, je préfère les métonymies. La partie pour le tout : le Fort pour la France.

15

L'équilibriste

À la fin des années 1980, en même temps à peu près que tombe le mur de Berlin, le théâtre équestre Zingaro s'installe sur le terrain militaire désaffecté. Jack Ralite, le maire d'alors, grande figure locale, a soutenu le célèbre écuyer-scénographe-metteur en scène et fantasque chorégraphe, Bartabas. À la recherche d'un nouveau projet d'aménagement dépourvu de venelles en impasses, Thierry Lajoie affirme s'être battu pour que les artistes restent sur le Fort, pour que le cirque s'y ancre, devienne un élément central du quartier — ce qu'il devient — et aussi, ajoute-t-il, pour « que les chevaux fassent partie de l'espace urbain local au même titre que les bagnoles »... S'impose brièvement l'image de pur-sang en liberté galopant avec fougue à travers l'avenue Jean-Jaurès, hennissant et bloquant la circulation. Apparemment, la proposition équine n'a pas enthousiasmé les élus, mais ce n'est pas grave, poursuit mon interlocuteur, parce que tout bien pesé, le nouveau projet qui prend forme à son initiative lui paraît satisfaisant, c'est-à-dire « équilibré ».

D'une part, d'autre part. Thierry Lajoie comprend que l'État « se paupérise », que l'État ait « besoin d'argent, comme tout le monde » et cherche, par conséquent, à maximiser le profit qu'il peut tirer de ses emprises foncières. Oui, cette logique budgétaire, il la comprend tout à fait, insiste-t-il, tout comme d'un autre côté il comprend la nécessité de construire des logements, si possible abordables, parce que « la France compte un million de mal-logés ». Il comprend la nécessité d'accueillir sur les trente-six hectares du Fort « de la nature », mais aussi « de la culture ». Il comprend aussi « la pression de l'écologie politique, enfin, sa version soft », nuance-t-il avec un sourire qui me paraît à tort ou à raison ironique, c'est-à-dire sa version gouvernementale, « les accords de Grenelle, la COP21 », accords eux-mêmes issus d'innombrables compromis, qui protègent ou prétendent protéger les espaces verts, les arbres, les oiseaux, les hérissons. Lui, Thierry Lajoie, comprend la nécessité de préserver les jardins ouvriers, d'ailleurs il s'y est engagé personnellement. Il comprend le désir de la maire d'Aubervilliers, la maire veut des équipements publics, par exemple une piscine, parce qu'à Aubervilliers, ajoute Thierry Lajoie avec gravité, « un enfant sur deux ne sait pas nager », voilà, « les gens ne savent pas nager », ils se noient dans l'eau fangeuse du canal Saint-Denis.

Cette langue m'est familière, je l'ai beaucoup entendue. Je sais que son équilibre peut n'être que de façade, que sa circonspection apparente masque parfois des positions très tranchées, voire tranchantes. Raser 4000 mètres carrés de jardins anciens en moins de quarante-huit heures, c'est tranchant. On verra ça. Pour le moment, j'écoute Thierry Lajoie tout en jetant à l'Arc de Triomphe un coup d'œil distraitement ébloui. La syntaxe se déploie, produit ses effets. Ah, cette sensation agréable de montée en lucidité ! Cet homme-là qui comprend tout et son contraire, qui surplombe les intérêts divergents comme il surplombe les beaux quartiers de la capitale, se peut-il qu'il se trompe ? Son métier tient de l'urbanisme, de la diplomatie, du casse-tête. À l'évidence, ça lui plaît. Les injonctions paradoxales lui offrent l'occasion de déployer son astuce, ses talents. Elles lui donnent du pouvoir. Il en a conscience.

— Vous savez, sans injonctions paradoxales, on n'a pas besoin d'aménageur.

Est-ce qu'on bâtit les compromis comme autrefois les cathédrales ? Pour un peu, je verrais Thierry Lajoie reculer avec précaution pour admirer son œuvre, celle qu'il a pensée depuis le « crobard » , le brouillon initial, avec un urbaniste choisi par ses soins. Oui, vraiment, juge-t-il rétrospectivement, ça n'était pas mal. Il y avait « une école, du logement, des activités, de l'emploi, de la culture, de la nature ». En 2014, 2015, le projet d'aménagement du Fort n'existe que sur le papier, comme plan de masse. C'est à ce stade précoce que se décident « les grands équilibres ».

Première perturbation, première menace sur les jardins : la gare du Grand Paris Express. Celle de la ligne 15 du métro qui va faire le tour de la petite couronne, comme un anneau beaucoup plus grand que le périph. Le problème, c'est l'emprise du futur chantier de la gare. Pour stocker les machines, les Algeco des ouvriers, les sacs de béton, les terres excavées, eh bien, on utilisera des parcelles de jardins ouvriers. Ziad, Dolorès et les autres l'ont appris après Thierry Lajoie. L'équilibriste se prend ça, dit-il, « dans les gencives ». « Ça » : ce qu'il appelle, dans sa langue à lui, équilibrée jusqu'au non-sens, « la disparition ou le déplacement, définitif ou provisoire, de quelques jardins ». Les urbanistes et les ingénieurs de la Société du Grand Paris[1] ont établi leurs plans, au Fort d'Aubervilliers il y aura une gare et voilà, il y a une emprise chantier, c'est bien normal. Ces gens-là ont leurs raisons, que Thierry Lajoie, bien sûr, comprend (« Ça me souciait. Je comprenais »). Lui-même n'aurait « pas fait comme ça », mais bon, ce chantier et cette gare ont été positionnés ainsi. OK, se dit alors notre équilibriste-diplomate, rompu à la géopolitique sur les trente-six hectares du Fort, il va falloir faire avec cette nouvelle donne. « Ça mordait sur quatre, cinq parcelles », se souvient-il avec un soupir. Pas plus. Puis, de toute façon, c'est provisoire. Lui dit-on, assuré, du côté de la Société du Grand Paris et du ministère des Transports. Répète-t-il, à son tour, à la maire d'Aubervilliers, la communiste

1 Société du Grand Paris (SGP) : établissement public responsable de la ligne du Grand Paris Express, qui entretient des rapports étroits avec Grand Paris Aménagement (GPA).

Meriem Derkaoui, aux représentants des associations de jardiniers, Philippe Fretté, Gérard Muller et d'autres encore, les yeux dans les yeux, lors d'une réunion au gymnase de la ville. Pas un jardin touché. Ou seulement à titre provisoire. Promis. Les yeux dans les yeux.

16

Fureur

Deuxième choc. On est en 2015, Paris présente sa candidature pour les Jeux olympiques de 2024. Thierry Lajoie ne s'y attendait pas, à celle-là. C'est-à-dire, il ne s'attendait pas à ce que le dossier olympique vienne percuter celui, déjà compliqué, du Fort. Retour en arrière. Lors de la précédente candidature de la capitale, montée en 2005, Jacques Chirac, président de la République, s'engage par écrit : la future piscine olympique française sera construite à Aubervilliers. Un terrain est identifié. Puis la candidature de Paris échoue, on oublie. Enfin, pas tout à fait. Quand la deuxième candidature se construit, Meriem Derkaoui, depuis peu maire d'Aubervilliers, ressort la lettre de Chirac. Ses administrés ont droit à leur piscine olympique, fait-elle valoir, les épreuves de natation des JO 2024 se dérouleront à Aubervilliers, c'est un engagement de l'État. Entretemps, la friche a été affectée au Grand Paris

Express, elle n'est plus disponible. Et alors ? Meriem Derkaoui insiste, Aubervilliers a droit à sa piscine.

Là, glisse Thierry Lajoie, soudain enfantin comme si tout ça n'était jamais qu'une querelle de gosses, « beaucoup de gens sont embêtés ». On cherche un autre site. Patrick Braouezec, alors président de Plaine Commune, et Didier Paillard, alors maire de Saint-Denis, ont une idée. Politiques chevronnés, ces deux-là règnent sur leur territoire, barons de la banlieue rouge. Ils sont nés dans les grandes heures du communisme municipal — avenir radieux, drapeaux rouges, maisons de la culture, colonies de vacances, cinéclubs, dispensaires. Quand survient cette histoire de piscine olympique, ils ont entre soixante et soixante-dix ans, ils ont fait carrière au Parti, ils l'ont quitté (Braouezec) ou pas (Paillard), en tout cas ils ont de la bouteille, des mandats, des écharpes tricolores, du pouvoir. Leurs cheveux sont devenus gris, l'avenir radieux ne fait plus rêver, les ressources budgétaires se sont raréfiées. Ils gèrent. Ils s'arrangent. Né à Saint-Denis en 1949, le romancier Didier Daeninckx[1] a vécu à Aubervilliers pendant une quarantaine d'années, il a imaginé et rédigé dans cette ville rouge la totalité des dix mille pages qu'il a publiées. Puis il est parti, dénonçant la corruption, le clientélisme, le « système politique failli ». « Un passé gorgé d'espoir et de combats, de fraternité, est submergé,

---

1 Didier Daeninckx, *Municipales. Banlieue naufragée*, Tracts, Gallimard, 2020.

écrit-il, par les effets de l'instinct de survie d'une caste. » Président de Plaine Commune, Patrick Braouezec, surtout, dispose d'un pouvoir considérable. L'établissement public territorial qu'il dirige alors, Plaine Commune, se déploie au nord de Paris sur neuf villes, Aubervilliers, Épinay-sur-Seine, L'Île-Saint-Denis, La Courneuve, Pierrefitte, Saint-Denis, Saint-Ouen, Stains et Villetaneuse. Le tout, grand comme la moitié de la capitale, abrite 450 000 habitants. Braouezec et Paillard ont donc une idée. Thierry Lajoie, qui comprend tout, comprend qu'elle soit « de nature à décevoir un peu Aubervilliers et à satisfaire beaucoup Saint-Denis, ce qui est quand même une habitude (précise-t-il) au sein de Plaine Commune dont Saint-Denis est, en quelque sorte, la capitale ». Braouezec et Paillard ont trouvé un autre terrain, une autre friche industrielle, de surcroît proche du stade de France, c'est très pratique, mais par souci d'exactitude il faut ajouter que ce terrain se situe, eh oui, soupire Lajoie, « plus à Saint-Denis qu'à Aubervilliers ». Forts de leurs écharpes tricolores et de leurs réseaux solidement ramifiés au fil des ans, les deux hommes décident que c'est à cet endroit-là, à cheval entre les deux communes mais « plus à Saint-Denis qu'à Aubervilliers », que sera construite la piscine olympique. L'État donne son accord, le comité de candidature qui deviendra le COJO[1] donne le sien. Bref, explique en substance Thierry Lajoie, tout le monde est content, la piscine

1 Comité d'Organisation des Jeux olympiques et paralympiques.

sera en Seine-Saint-Denis, département le plus pauvre de France métropolitaine où, tout le monde le répète en boucle, les enfants ne savent pas nager et se noient dans les eaux fangeuses des canaux. Ça fait sens. Tout baigne.

— La maire d'Aubervilliers entre alors dans une grande fureur...

Le terme employé par Thierry Lajoie est peu courant au XXIe siècle. À tout hasard, j'en vérifie l'étymologie. Je découvre que dans la mythologie grecque, les Furies, chiennes d'Hadès, ont pour mission de punir les parjures. « Tout ce qui concernait les serments », écrit l'historien et éditeur Mark Cartwright dans l'encyclopédie en ligne de l'histoire du monde. Dans l'*Iliade*, indique-t-il également, les furies peuvent empêcher un homme d'utiliser sa raison et le mener à des actes inhabituels et stupides. Dans l'*Odyssée*, elles font sombrer un roi dans une folie temporaire.

— ... Elle dit : « l'État ne respecte pas sa parole ! », « On m'a volé ma piscine ! »

D'Homère à Molière. Surgit l'image d'une maire en Harpagon éplorée : « Au voleur, à l'assassin, au meurtrier. Justice, juste ciel. Je suis perdue, je suis assassinée. On m'a coupé la gorge, on m'a dérobé ma piscine... » J'ai tenté de joindre Meriem Derkaoui. Je voulais entendre sa version de l'histoire, entrer dans ses raisons (et en ressortir). Ce fut impossible. Elle avait disparu. Oh, elle était bien vivante, elle produisait de loin en loin un tweet sur les relations entre ses deux pays, la France et l'Algérie. Mais elle avait entièrement disparu de la vie publique. C'est rare. En général, les personnes publiques ne s'évaporent pas si vite. Même lorsqu'elles ont atteint l'âge de la retraite, ce qui est le cas de Meriem Derkaoui, on peine à s'en débarrasser. Elles gardent un mandat ici, un engagement associatif là ; elles participent à des tables rondes, écrivent un livre ou tiennent une chronique dans un journal. Meriem Derkaoui s'est évanouie comme si elle n'avait jamais existé. J'ai obtenu un numéro de portable, envoyé des messages restés sans réponse. Cette femme est un fantôme qui a tout de même administré pendant quatre ans une ville de 90 000 habitants. Comment s'était-elle retrouvée maire d'Aubervilliers ? Membre du PCF, première adjointe propulsée à la tête du conseil municipal par la démission de son prédécesseur, un communiste élu en 2014 dans des conditions que Didier Daeninckx juge plus que contestables, Meriem Derkaoui se trouvait, de l'avis général, isolée. L'isolement affaiblit ? Sans doute. Mais il libère. Seule, on ne doit rien à personne. Pas d'attaches. On n'a rien à perdre, du moins le croit-on. On entre en fureur contre les barons locaux du Parti. On se fout des équilibres et des équilibristes.

— C'est comme ça, soupire Thierry Lajoie, qu'est né un concept, comment dire, baroque : « la piscine de compensation ». Qui sera la piscine d'entraînement des nageurs olympiques, pas celle où se dérouleront effectivement les épreuves de natation. Attention, notez bien, je n'ai rien contre les piscines...

Bon, il a fallu trouver un endroit. La maire a dit : « On n'a qu'à mettre la piscine sur le Fort ! » Moi, je n'étais pas enchanté. Je m'étais efforcé de construire des équilibres entre bâti et pas bâti, pleine terre et pas pleine terre, logements, bureaux, et cette piscine venait là-dedans comme un éléphant dans un magasin de porcelaine... Sur le Fort, où poser la piscine ? J'ai fait plusieurs propositions... Aucune ne supposait la disparition d'un seul jardin ouvrier. Pas un seul !

L'équilibriste a ses raisons, comme on verra.

— ... Non, pas un seul. Mais la maire, glisse-t-il, rétrospectivement agacé comme par une guêpe importune, préfère un autre emplacement... Elle veut que cette « piscine de compensation » respecte toutes les normes olympiques. Elle la veut donc toute proche d'une desserte de transports publics, c'est-à-dire à proximité de la future gare, près du métro. Là et pas ailleurs. Dieu sait que j'ai participé à des réunions innombrables... On la tournait dans tous les sens, la piscine ! Avec la Société du Grand Paris bien vigilante, qui disait : « Non, pas là, ça mord sur mon emprise chantier ! Plus au sud ! » Donc, cette piscine a été positionnée à un endroit où, immanquablement, elle risquait d'attenter aux jardins ouvriers...

« Immanquablement ». Quelle langue.

17

Rentabilité

La faute à la maire ?

Ubiquité, téléportation. Il faudrait bricoler l'espace-temps, faire des allers et retours instantanés entre la terrasse arborée du VIIIe arrondissement parisien, un beau matin de juillet, et un bistrot de Saint-Ouen, en Seine-Saint-Denis, par un après-midi grisâtre de novembre, où je rencontre Anthony Daguet. L'adjoint chargé de la vie associative d'Aubervilliers jusqu'aux municipales de 2020. Ziad m'en a déjà parlé, de Daguet, et sans amabilité particulière. Le type était l'envoyé de la mairie auprès des jardiniers qu'il était chargé de rassurer, d'informer, ou, selon Ziad, d'acheter et d'endormir.

Commodément situé à côté du métro, en face de la mairie de Saint-Ouen, La Rotonde ne ressemble pas à son homologue de Montparnasse, cette élégante brasserie du VIe arrondissement parisien où, en avril 2017, Emmanuel Macron fêtait d'avance sa première victoire à l'élection présidentielle. Le café-restaurant ne ressemble pas non plus au Casanova, où des *chibanis*[1] peuvent passer la journée à évoquer leurs souvenirs tandis que les ouvriers des chantiers voisins viennent casser la croûte. Face à la mairie, dans le centre de Saint-Ouen, la Rotonde audonienne réunit, il me semble, presque tout le monde : employés, ouvriers, cadres, architectes de passage, agents immobiliers, élus (mais élus locaux car nul président de la République n'aurait l'idée d'y venir fêter sa victoire, effective ou anticipée). À l'heure du déjeuner, entre midi et 14 heures, en semaine, l'endroit est bondé, bruyant, rythmé. Arrivée en retard, je présente mes excuses à Anthony Daguet qui paraît de mauvaise humeur. Barbe brune, visage carré, carrure. Sourcils froncés. Il a accepté de me rencontrer, il m'a même envoyé, avant notre rendez-vous, un texte de dix pages dans lequel il présente sa version de l'histoire (où apparaît aussi le mot « fureur »). Le sujet lui tient à cœur. Pourtant, il paraît un peu méfiant. Les clients autour finissent de déjeuner, on commande des cafés. Le secrétaire général de *L'Humanité* n'a rien d'un diplomate, il ne parle pas la langue sophistiquée et circonspecte de la haute fonction publique. Il est un « enfant d'Auber », précise-t-il, trois de ses grands-parents sont nés dans cette ville, le quatrième vient de Fort-de-France, en Martinique. Enfance difficile.

---

1 De l'arabe maghrébin : vieux, vieillard, « aux cheveux blancs ».

Le garçon est élevé par ses grands-parents avec son frère et sa sœur. « On n'avait pas à manger tous les soirs », dit-il. Sorti de l'adolescence, Daguet entreprend des études d'anthropologie qui ne l'ont sans doute pas beaucoup marqué, et surtout, il rallie les Jeunesses communistes. Dans la ville rouge, sa famille à lui n'est pas proche du Parti. Sans doute le jeune homme y voit-il une promesse d'émancipation, ou de carrière, idéalement les deux à la fois. Il bosse comme directeur technique pour la Fête de *L'Huma*. Militant professionnel. Un homme de pouvoir, lui aussi, à sa façon. Du moins, j'imagine qu'il se voit ainsi. Aux municipales de 2014, celles dont Didier Daeninckx écrit que les communistes, « dans leur projet de reconquête de la ville, *leur* ville, recrutaient parmi les voyous, les dealers d'herbe et de cocaïne », Daguet figure sur la liste gagnante, celle du Parti. Il devient adjoint, d'abord aux finances, puis à la vie associative, chargé à ce dernier titre des relations avec les associations. Parmi lesquelles la société des jardins ouvriers des Vertus. Quand il va tâter le terrain auprès des jardiniers, il a quarante ans, il est encore président de l'Office public de HLM de sa ville, un bon début. Plus jeune de trois décennies que Braouezec ou Paillard, il n'a pas les mandats électifs qui font d'eux des potentats locaux. Pas encore, pense-t-il peut-être à ce moment. J'imagine. Lors de notre entretien, à l'automne 2022, Anthony Daguet ne sera plus qu'un conseiller municipal d'opposition dans une ville passée à droite. Dans la foulée, il aura perdu la présidence de l'Office de HLM d'Aubervilliers. Les jardins ne l'émeuvent guère.

— Enfant, à Auber, je n'y allais jamais, dans les jardins… C'était une zone mystérieuse. Fermée. Aujourd'hui encore. J'avais un oncle, il avait une parcelle dont il revenait bourré…

Il hausse les épaules. En voilà un qui n'est pas tombé sous le charme et qui ne fait pas semblant. Ça m'intéresse, parce que l'indifférence d'Anthony Daguet s'enracine dans une histoire beaucoup plus vieille que lui. Contrairement à ce qu'on pourrait croire, les jardins ouvriers ne prospèrent pas dans la banlieue rouge aussi naturellement que l'euphorbe en bordure de sentier. En dépit de ce qu'évoquent aujourd'hui les mots, « jardins ouvriers » — quelque chose comme une idylle prolétaire, un aperçu de l'avenir radieux tel qu'on le rêvait au début du siècle dernier —, les communistes n'aiment pas beaucoup cette idée bourgeoise de confier aux ouvriers de petits lopins à cultiver en famille, d'en faire, quoique sans titre de propriété, de petits propriétaires vertueux. Une parcelle offre un terrain propice à des valeurs peu prisées des collectivistes. Ses fruits récompensent l'effort personnel, ou la mobilisation de la famille entière. Travail, famille… Laval, à l'initiative de la société des jardins ouvriers des Vertus, n'a jamais été communiste. S'il décide d'aménager des jardins ouvriers, c'est pour marquer son territoire, pour faire pièce à d'autres jardins qui depuis le début du siècle s'étendent dans sa ville sous l'égide de notables catholiques. Ceux du patronage de Pantin, la commune limitrophe qui crée dès 1906 la Société des jardins ouvriers des Quatre Chemins[1]. Le règlement de cette œuvre morale et hygiéniste, destinée aux travailleurs méritants, précisait paraît-il que « sauf cas d'urgence, on ne doit pas travailler le dimanche ». Ça ne devait pas être commode pour un ouvrier vissé à son poste de travail soixante-dix heures par semaine, dont c'était alors le seul jour de congé. L'idée des jardins ouvriers — cet espace-temps sans pareil — est donc, au départ, aussi éloignée du *Manifeste du Parti communiste* que du *gangsta gardening* ou des aspirations autonomes des Brigades de solidarité populaire. À la fin du XIXe siècle et au début du XXe, c'est une idée catholique. Oui, Dolorès, Ziad et les autres font vivre — et métamorphosent — une initiative vieille de près de cent trente ans. Créée en 1896 par l'abbé Lemire, en sa ville de Hazebrouck, dans le nord industriel de la France, la Ligue du coin de terre et du foyer visait à assurer « aux ouvriers la jouissance permanente [...] d'un coin de terre à cultiver ». Dans cette perspective caractéristique du catholicisme social, note l'historien Jean-Marie Mayeur[2], le lopin fournit à l'ouvrier méritant, en plus d'aliments frais, des loisirs « sains », c'est-à-dire au grand air, en famille, loin du bistrot et des syndicats. « Ah bon », fait Anthony Daguet. Il l'ignorait. D'ailleurs, cette histoire longue que je vois, moi, s'incarner en un

1 Aujourd'hui devenue l'association des Jardins familiaux de Pantin-Aubervilliers elle gère 4,8 hectares de terrain dans la continuité des Jardins ouvriers des Vertus.

2 Jean-Marie Mayeur, « L'abbé Lemire et le terrianisme », in *Cent ans d'histoire des jardins ouvriers, 1896-1996 : la ligue française du coin de terre et du foyer*, dirigé par Béatrice Cabedoce et Philippe Pierson, Créaphis, 1996.

bref haussement d'épaule, lui importe peu. Mon interlocuteur se sent victime d'une injustice. Il ne veut pas apparaître comme le méchant de l'histoire, il veut faire entendre sa propre version.

— Je pense que j'ai sauvé une cinquantaine de jardins. Oui. Dès le début de cette opération d'aménagement, on savait bien que ça serait difficile de toucher à zéro jardin... La gare et la piscine, les emprises chantiers qui vont avec, ça prend une place folle. Et GPA qui veut nous mettre des logements partout... Ils en avaient prévu 4000 sur le Fort, vous vous rendez compte ? On a réduit à 1800 ! Au départ, ça devait détruire une soixantaine de jardins. Oui, c'est beaucoup. Moi, je rencontre les associations de jardiniers. Et je me bats pour décaler les travaux du Grand Paris Express. On a obtenu le changement d'orientation de la gare et le changement du tracé de la voie souterraine ! Ça n'était pas gagné. Mais j'ai du caractère et je connais des gens... Bon. Là, on passe de soixante à dix ou vingt jardins détruits. On a sauvé, quoi, quarante, cinquante jardins ! De notre point de vue, dix parcelles sacrifiées, c'est acceptable. On a exigé que tout jardin détruit soit compensé, un pour un.

Quand il balance, Anthony Daguet ne fait pas mine de livrer une analyse. Dans le bruit du café plein à craquer, il s'indigne, son débit s'accélère un peu, il y va, il balance. Boxeur. Tête un peu rentrée entre les épaules, il se tient prêt à encaisser, à attaquer. Je vois que sa fiche LinkedIn indique une énigmatique « compréhension des systèmes ».

— GPA voulait construire les logements, le plus possible, près du métro et de la future gare, pour les valoriser. Eux[1], ils ne voyaient pas d'un bon œil un gros équipement qui empièterait sur leur programme. La piscine, évidemment qu'on la voulait à côté du métro, à côté de la gare ! C'est un équipement qui doit desservir les villes autour, Pantin, Drancy, Bobigny, La Courneuve... On n'allait quand même pas mettre ça au milieu du Fort...

Construite sur le parking de la gare routière, la piscine elle-même ne risque pas d'empiéter sur les jardins. Les défenseurs des jardins le savent bien, alors ils prennent soin de le préciser, Dolorès, Ziad, Ivan et les autres le répètent sur tous les tons, qu'on aille pas leur faire dire ce qu'ils n'ont pas dit : ils n'ont rien, mais rien du tout, contre la piscine. Seuls le village finlandais (saunas, hammam, cardio-training) et le solarium minéral supposent la destruction de parcelles. Pourquoi avoir voulu à toute force construire, attenants à la piscine, ces équipements purement récréatifs, coûteux, pas du tout olympiques, qui n'apprennent à nager à personne ?

— On a fait un appel d'offre, se souvient Anthony Daguet. Le solarium, le spa, le centre de fitness, le restaurant, c'étaient des options... J'étais le président du jury qui a choisi ce projet. Je l'ai choisi parce qu'il était sympa, avec des jeux d'eau. Dans la logique de l'équipement, c'est un plus... Moi, je n'avais pas compris

1 « Eux », c'est-à-dire GPA.

que ça empièterait sur les jardins... Non, ça n'était pas visible sur le plan. Il y avait trois offres, aucune n'empiétait sur les jardins... On peut se tromper, dans la vie... L'impact a été mal mesuré. Je n'étais pas assez informé. Je n'ai jamais été confortable avec ce dossier. C'est un gros dossier... Moi, je suis un élu, je n'ai pas les compétences d'urbanisme... Je n'avais pas de bons rapports avec mon collègue de l'urbanisme...

Je note avec perplexité. L'enfer est pavé de jeux d'eau, d'hydra-splash et de villages finlandais. Les dix à vingt (en fait, dix-sept) parcelles sacrifiées le sont précisément à cause de ces équipements annexes.

— Quand on se rend compte que ça mange sur les jardins, on n'est plus au pouvoir... Sinon, bien sûr qu'on se serait battus, avec les jardiniers !

J'imagine un univers parallèle, une petite uchronie municipale. Avec les militants du collectif, la maire communiste réélue se battrait contre son propre projet. Participerait-t-elle à des manifestations, brandirait-elle des banderoles « Ça va t'embrouiller », on m'avait prévenue. Anthony Daguet a terminé son café. Un autre ?

— On a fait des plans de financement, des projets de marchés publics, se souvient-il, tous votés au conseil municipal. À l'unanimité !

L'argent. La construction de la piscine d'entraînement olympique d'Aubervilliers — son bassin principal de cinquante mètres par vingt-cinq, son second bassin de vingt-cinq mètres pour l'apprentissage, et ses équipements supplémentaires — coûte trente-trois millions d'euros. À titre de comparaison, la construction d'une piscine municipale standard avec un grand bassin, un petit bassin et une pataugeoire ne dépasse pas les dix millions d'euros.

— On a une subvention d'investissement de dix millions d'euros parce que c'est un équipement olympique. En plus, l'État se met à financer le projet, et aussi la région, le département, la métropole[1]... Après, gérer un équipement comme ça, ça n'est pas notre métier, à nous, la ville.

Un équipement à trente-trois millions d'euros, c'est énorme, une aubaine pour Aubervilliers, ville pauvre, paupérisée. Trente-trois millions d'euros qui tombent sous forme de piscine olympique, de solarium minéral, de spa finlandais, de jeux d'eau, de saunas ou de n'importe quoi, Meriem Derkaoui prend, elle signe. Et après ? Par la faille spatio-temporelle préalablement empruntée, retour express au mois de juillet 2022, sur la terrasse arborée du VIIIe arrondissement. Avec circonspection, Thierry Lajoie avale une gorgée d'eau fraîche. Il rectifie sa position sur son siège de jardin.

— C'est une chose d'avoir bouclé l'investissement initial. C'en est une autre de faire tourner la bête, après. Après, il n'y a plus grand monde. Une

1 « La métropole », c'est-à-dire le Grand Paris.

piscine, c'est municipal. Et la ville d'Aubervilliers n'a pas les moyens d'exploiter une piscine de cette taille. C'est cher, d'exploiter une piscine olympique.

Près de deux millions d'euros par an, en l'occurrence. Cadeau empoisonné.

— Après, c'est la ville qui est maître d'ouvrage, c'est la maire d'Aubervilliers qui est compétente... Ce n'est plus notre sujet, à nous, GPA. Enfin, nous étions convaincus que cet équipement devrait forcément être financé par des activités annexes... Faute de quoi, il pèserait lourdement sur le budget local.

Voilà. Heureusement, les candidats à l'appel d'offre y ont pensé, au budget local. Dans ces cas-là, les groupes de construction comme Spie Batignolles, Vinci, Bouygues proposent leurs solutions avec une tendre sollicitude. Ils vont gérer l'exploitation de la piscine, ça s'appelle une délégation de service public et ça se fait beaucoup parce que, justement, les collectivités publiques manquent d'argent. Qu'à cela ne tienne, disent les Spie Batignolles et autres, vous nous confiez les clés, on s'occupe de l'entretien, du personnel, on s'occupe de tout. On paie tout. Aucun souci. Ah ! évidemment, il va falloir que ce soit rentable.

— Le groupe Spie Batignolles[1] avait prévu une base de loisirs qui participait au rayonnement de l'équipement et à son modèle économique...

1 Le groupe Spie Batignolles a été retenu à l'issue de l'appel d'offres.

Je note. « Rayonnement ». « Modèle économique ». Les mots qui piègent, qui verrouillent, rasent, bétonnent. De ces mots découlent, aussi inéluctablement que l'eau portée à ébullition se transforme en vapeur à partir de cent degrés Celsius, ou que deux et deux font quatre, le spa et le solarium dont le ticket d'entrée sera, forcément, bien supérieur à celui de la piscine. Sans spa, sans solarium, pas de rentabilité, donc pas de piscine. Deux et deux font quatre. Je me souviens des mots qu'a prononcés Thierry Lajoie au début de notre entretien, comme l'axiome de l'époque ou l'antienne du désastre : « C'est le privé qui finance le public. » Mais que se passe-t-il ? Par magie, Ivan Fouquet apparaît soudain sur notre terrasse. Il s'avance vers nous, s'éclaircit poliment la gorge, déplie un plan sur la table.

— Vous savez, dit-il, le solarium minéral et le village finlandais pouvaient être installés sur le toit de la piscine. Ça n'aurait pas empiété sur les jardins. Il aurait fallu renforcer la charpente pour supporter le poids supplémentaire, celui de la terre pour la pelouse, celui des équipements. C'était tout à fait possible, on l'a montré...

Ça coûtait plus cher. Le constructeur (Spie Batignolles, « l'humain au cœur de nos activités ») et le cabinet d'architecture (Chabanne, « incubateur de projets durables ») n'ont pas retenu cette solution. Plus probablement, ils ne l'ont pas envisagée. C'était plus économique et beaucoup plus simple de raser 4000 mètres carrés de jardins.

L'argent, tout le monde voit ce que c'est. Trente-trois millions par-ci, dix millions par-là pèsent de tout leur poids, aimantent les désirs, orientent les décisions. C'est, comme on dit, le nerf de la guerre. L'argent, on pourrait le prendre pour la réalité même, en dépit de son abstraction ou plutôt grâce à son abstraction qui en assure la circulation fluide, universelle. Équivalent général, disent les économistes. Les jardins ouvriers, qu'est-ce que c'est ? Le contraire. Baux précaires. Redevances annuelles dérisoires. Terre, arbres enracinés, oiseaux improductifs, insectes bourdonnants, légumes et fruits qu'on n'a pas le droit de commercialiser, réservés à la consommation familiale, au don. Le tout immobile, local, désespérément illiquide. Du foncier en attente de valorisation marchande. À condition bien sûr que le terrain soit rendu constructible par un plan local d'urbanisme, d'abord débarrassé de ce qui pousse, rampe, trotte et vole, puis aplani, construit, commercialisé dans le cadre d'une opération immobilière. Ainsi la terre intègrera le circuit, le grand manège.

18

Exploitation

— Les choses se sont enchaînées, soupire Thierry Lajoie, jusqu'au solarium. Moi, je ne me suis pas exprimé publiquement là-dessus. Je ne pouvais pas, je ne devais pas...

« Un ministre, ça ferme sa gueule. Si ça veut l'ouvrir, ça démissionne », a dit Jean-Pierre Chevènement quarante ans auparavant, en 1983. Thierry Lajoie entamait sa carrière. La phrase me revient, elle flotte dans la mémoire collective, devenue réplique culte, *punchline* politique. En 1983, Chevènement, ministre de l'Industrie de François Mitterrand, est en désaccord avec le tournant de la rigueur qui se met en place cette année-là. Il ouvre sa gueule et démissionne. Et Thierry Lajoie, alors âgé de vingt-et-un ans, entre au cabinet de son successeur, Laurent Fabius. Qui mène tambour battant cette politique nouvelle. Voilà, les choses se sont enchaînées.

— ... Mais je l'ai dit à des préfets, à des ministres... J'ai dit : « C'est une histoire de fous ! L'État va mettre dix millions d'euros dans une piscine qui va tuer des jardins, à un kilomètre du périph ! » Néanmoins... je devais faire en sorte que ce projet atterrisse.

De quel pouvoir disposent les gens de pouvoir ? Thierry Lajoie ne peut se permettre le luxe d'agir selon ses convictions. Cet homme-là vit dans l'indigence. La vue sur l'Arc de Triomphe et la tour Eiffel en lot de consolation. C'est du moins ce que je pense à ce stade, sottement. Je le plaindrais presque. Thierry Lajoie a baissé la voix comme s'il laissait poindre une vérité interdite, ou du moins, inexprimable publiquement. J'écoute attentivement la voix assourdie. Parfois, je le sais bien, l'habileté consiste justement à baisser la voix pour suggérer que la cuirasse institutionnelle se fissure, qu'une vérité se fait jour. L'astuce n'est pas forcément délibérée, du moins, pas totalement. Plus probablement elle a été incorporée, compétence sociale acquise par une longue pratique, à force de veiller à ce qu'on dit, à ce qu'on ne dit pas, et à qui. Ou peut-être Thierry Lajoie est-il sincère. C'est ce que je crois à l'instant où il parle. J'ai envie d'y croire. Je pense que cet homme, au bout d'une heure et demie d'entretien, vient de sortir du labyrinthe verbal qu'il s'acharne à construire. Oui, il vient enfin de sortir de ses phrases creusées d'incises et de réserves, de balancements circonspects et de venelles en impasses. « Une histoire de fous », a-t-il affirmé. « Une conviction ». « À titre personnel ». Nous sortons de la broussaille, quelque chose est dit. Je m'en réjouis. C'est un moment heureux lors d'un entretien que ce dévoilement, cette parole vraie qui se livre. Je me rêve, armée de mon stylo et de mon cahier en guise de lance et de bouclier, montant à l'assaut d'une forteresse de mots. Je me fraye un chemin dans la broussaille, me faufile entre les arbres serrés, leurs branches épineuses; je tranche net dans un buisson d'arguments embrouillés. Nul baiser dans l'histoire, il suffit d'une question bien posée, ou même d'un silence. Je lève le mauvais sort. Je délivre la personne interviewée, emprisonnée jusqu'alors dans les rets de ses éléments de langage, prise au piège des injonctions paradoxales. Aucun jardin ne sera plus détruit de son fait. Et ce, grâce à moi. Sur mon cahier, je note. Je me rêve en prince à l'assaut du château de la Belle au Bois Dormant. Réveillant la Belle au Bois Dormant. Jamais, j'en suis sûre, au cours de sa longue carrière, Thierry Lajoie n'a été comparé à la Belle au Bois Dormant. Mais c'est lui qui, soudain, de sa voix assourdie, me réveille.

— Il y a aussi une autre raison... plus prosaïque...

Marque-t-il une pause? À peine.

— Cette piscine, elle m'embêtait parce qu'elle supprimait de la constructibilité dans le Fort. Au total, elle supprimait 20 000 mètres carrés constructibles sur 36 hectares. Y compris des logements sociaux, hein... Parce qu'on s'est focalisés sur les jardins, mais il y avait des choses prévues initialement à la place de la piscine... Je me permets de le dire, au passage... Je les mets où, mes logements? On les loge où, les gens? Je n'étais pas content.

Je pense à Anthony Daguet, sourcils froncés, qui se plaignait de ce que GPA veuille à toute force construire des logements sur le Fort. L'ancienne maire, visiblement, ne le souhaitait pas. Quelque chose m'échappe. Si l'ancien directeur de Grand Paris Aménagement voulait réellement préserver les jardins, pourquoi avoir prévu en leur cœur une zone dite d'urbanisation mixte, la zone UM, avec ses milliers de mètres carrés de programme immobilier, là où poussent roses trémières, acanthes et acacias ?

— C'est venu d'un constat : il y avait une partie des jardins ouvriers qui étaient à l'abandon... qui n'étaient pas *exploités*... Et ceux-là, on s'est dit qu'on pourrait les compenser ailleurs... Parce que, ouais, des parcelles non exploitées, est-ce que c'est encore des jardins familiaux ? Après, c'est compliqué, on ne peut pas forcer les gens à jardiner. On ne peut pas leur poser un fusil sur la tempe en leur disant que l'avenir, c'est le potager !... Et puis, je veux dire aussi : les jardins ouvriers, ce n'est pas bien-par-principe. L'excès d'idéologie nuit... Tous ces gens qui viennent donner des leçons de jardins partagés ou de jardins ouvriers, alors qu'ils n'ont jamais vu pousser une tomate, qu'ils ne mangent que du poisson pané... Avec du lait en brique... Bon, j'exagère un peu, je force le trait...

Ici s'énonce une conviction. Une vraie, ancrée, fondamentale : sans exploitation, rien n'existe. N'existe que ce qui est exploité.

La voix n'est plus du tout assourdie.

— Vu le mal logement en Île-de-France, vu l'allongement des trajets domicile-travail, personne ne me fera dire que les logements sont moins importants que des jardins ouvriers. Personne ! C'est un crève-cœur, quand je vois autant de gens relégués, exclus de Paris et de sa petite couronne… Chaque programme de logements comporte sa part de logements sociaux, conformément à la loi… Moi, jamais je ne choisirais une tomate contre un ouvrier !

Des militants qui défendent les jardins, Thierry Lajoie dit encore qu'ils sont « de sacrés égoïstes, qui, eux, ont un logement ».

Ici, je veux leur accorder un droit de réponse. Répondre par leur entremise aux aménageurs et autres promoteurs immobiliers qui, la main sur le cœur, évoquent la nécessité de « loger les gens », se posant presque en disciples de l'abbé Pierre. Il faut bondir de dix mois dans le temps et de dix kilomètres dans l'espace, direction nord-est. Au printemps 2023, par une belle journée de mai, le collectif organisera aux jardins des Vertus une journée portes ouvertes. Dolorès Mijatovic entrera d'elle-même dans la dispute, celle qui se joue ici à Aubervilliers, aussi ailleurs. Née au début des années 1960, au mitan des Trente Glorieuses, elle appartient à la même génération que Thierry Lajoie, mais pense tout autrement. Debout, solide sur le sentier herbu qui file entre les parcelles, cheveux gris noués, elle dira aux visiteurs attentifs que cet argument, loger les gens, elle l'a entendu cent fois, et que c'est un leurre. Que détruire des jardins bruissants de vie n'est en aucun cas la solution pour améliorer la vie. Que l'Île-de-France compte des millions de mètres carrés de bureaux vacants[1], dont on pourrait sûrement faire meilleur usage. Autour, les oiseaux pépieront, les visiteurs applaudiront.

Sur la terrasse arborée, Thierry Lajoie et moi ne prêtons plus attention aux abeilles ni aux guêpes. Je m'ébroue. Je me souviens que le programme immobilier initialement prévu par GPA, qui aurait détruit des milliers de mètres carrés de jardins si un juge n'avait pas ensuite déclaré illégal le plan local d'urbanisme, ne prévoyait pas seulement des logements, mais aussi des bureaux. Bien sûr, me dit l'aménageur, un peu las, il en faut. Il parle de « rapprocher le travail du domicile », de « diminuer les circulations pendulaires » pour « une ville à bas carbone ». Puis :

— Une parcelle, encore faut-il que ça vive ! Si ça ne vit pas... Ce n'est pas non plus sanctuarisé.

Si j'étais psychanalyste, je répéterais ces mots avec lenteur, avec gourmandise. « Si ça ne vit pas »... Un sourire énigmatique flotterait sur mon visage. Puis je me lèverais, signifiant que la séance est terminée. Dans une coupelle prévue à cet effet, j'attendrais que soient déposés quatre-vingt euros en billets

1 L'Île-de-France compte 4,4 millions de mètres carrés de bureaux vacants selon l'Institut Paris Région, mars 2023.

de banque. En réalité, je me hâte de noter sur mon cahier à spirales. Quand j'écouterai l'enregistrement, les mots surgiront à la fin de l'entretien, leur charge intacte. « Pas exploités », « ça ne vit pas ». C'est là que se niche la parole vraie. Convictions, intérêts, les deux tissés ensemble. Nuls et non advenus, acanthes, abeilles, acacias. Le vivant ne vit pas. Thierry Lajoie n'est pas prisonnier de ses injonctions contradictoires, plutôt un seigneur en sa forteresse. Je ne viens sauver personne, mon interlocuteur n'a nul désir d'être délivré ; délivré de quoi ? Je commence peut-être à l'agacer. Peu importe. J'ai trouvé ce que je cherchais, j'ai la réponse à la question : pourquoi détruire des jardins ouvriers dans une métropole ultra-dense ? À travers les évidences d'un homme se dévoile très lisiblement l'imaginaire politique et social d'une époque, « la nature » comme ressource, l'attractivité économique et la croissance productive comme sources de vie, valeurs cardinales.

19

Cratère

Lorsque les jardins sont évacués et détruits, dans les premiers jours de septembre 2021, Thierry Lajoie ne dirige plus Grand Paris Aménagement — il a quitté l'établissement public pour le promoteur privé Quartus dont nous connaissons à présent la jolie terrasse. Par une nuit noire de novembre 2022, je me rends dans les locaux de GPA à la rencontre de son successeur. Il n'est que 18 h 30 mais le ciel est déjà noir, puisque novembre. J'erre à travers des allées parcourues de courants d'air, parcimonieusement éclairées, quasi désertes à cette heure où, dans l'avenue Corentin-Cariou toute proche, les passants se pressent vers le métro, les bistrots, les devantures illuminées des bureaux de tabac. Le parc du Pont de Flandre, où se trouve le quartier général de GPA, forme dans Paris un espace à part. On y entre en franchissant un portail (gardé peut-être par un vigile, mémoire incertaine), en quoi l'endroit peut être comparé aux jardins ouvriers d'Aubervilliers. La surface aussi est comparable, cinq hectares pour le parc, sept pour les jardins[1]. Rien d'autre ne rapproche les jardins et le parc. D'un côté, une mosaïque de parcelles et de cabanes, avec de vieux arbres et des herbes folles; de l'autre, un endroit qui n'a de parc que le nom, en réalité un « parc d'activités tertiaires » aménagé au tournant du siècle dans les entrepôts des anciens magasins généraux de Paris. Enclose dans un quartier encore populaire de la capitale, c'est une *gated community* qui abrite des êtres immatériels, ce qu'en droit on appelle des « personnes morales ». Les panneaux indiquent des institutions publiques et privées, Pigier, l'Urssaf, le Club Med, le tribunal de grande instance, l'école d'architecture de la Villette. Malgré les instructions reçues, je me perds entre les blocs d'immeubles, tous semblables dans l'obscurité, posés comme des cubes sur un plateau. Ah, voilà, Grand Paris Aménagement. Vaste hall, charpente de bois, plantes vertes, prospectus sur la ville durable, peut-être mur végétalisé, je ne sais plus. Stéphan de Faÿ, le directeur général de l'établissement, me reçoit dans son bureau, avec le renfort de la directrice de la communication, Marie Gallas-Amblard. Nous prenons place autour d'une table, je me souviens que Stéphan de Faÿ se trouve à ma gauche, Marie Gallas-Amblard à ma droite. De son côté à elle, je me souviens d'une énergie vigilante, au taquet sous

---

1 Les Jardins ouvriers des Vertus et les Jardins familiaux de Pantin-Aubervilliers situés dans la continuité occupent au total une superficie de sept hectares.

une apparence enjouée. Une présence qui renchérit, se récrie, approuve, suggère, veille au grain. De Stéphan de Faÿ qui lui fait face et qui est son chef, je ne me rappelle presque rien. Ni visage, ni voix — sauf peut-être une certaine bonhommie, quelque chose de vaguement jovial. Nulle raideur. Rien ne désigne l'ancien militaire, ce qu'il est pourtant, polytechnicien, ancien ingénieur à la Direction générale de l'armement. Sur les photos glanées sur Internet, je reconnais la personne interviewée ce soir-là, cheveux bruns touffus, visage charnu, sourire, lunettes, mais dans ma mémoire je ne retrouve pas l'homme assis à un mètre de moi pendant une heure et demie d'entretien. Défaut d'attention de ma part ? Stéphan de Faÿ n'a pas la présence compacte, complexe, parfois opaque, stratifiée, sympathique et rouée de son prédécesseur. Me reste en mémoire, en revanche, un élément de charpente. Derrière mon interlocuteur se dresse en effet un pilier de bois clair qui exerce peut-être une fonction porteuse, ou pas, mais qui en tout cas signale au visiteur l'intérêt porté par GPA à la construction durable. Fonction totémique. Je me suis documentée, je sais que Stéphan de Faÿ se passionne pour les constructions en bois, matériau renouvelable. Dans ces conditions, pourquoi ne pas interviewer un morceau de bois ? De toute façon, la présence de Marie Gallas-Amblard m'avertit, si j'avais eu le moindre doute, qu'en aucun cas l'entretien n'est censé prendre un tour personnel et que Stéphan de Faÿ ne me reçoit que pour me livrer, lestés de son autorité directoriale, des éléments de langage préalablement mis au point. Ça me va. Ce soir de novembre, je vais donc recueillir les propos d'un être à la fois bicéphale et sans visage, porteur d'un discours institutionnel bien rôdé, qui s'incarne sous la forme persistante d'un pilier de bois clair.

— On a juste libéré la parcelle pour que les travaux puissent être menés. Nous, GPA, notre boulot ce sont les écoles, les crèches, les logements. Pas les piscines...

— Au départ, la piscine ne faisait pas partie de notre projet d'aménagement. C'est le projet de la ville d'Aubervilliers. En 2015, le conseil municipal a voté le projet à l'unanimité. Sans doute, à ce moment, il y a eu un raté sur la définition des emprises. À l'époque, ce qui posait problème, c'était surtout la dépose-chantier de la future gare...

— Camille Vienne-Théry[1] était chargée d'expliquer... enfin, de comprendre les besoins des jardiniers. Elle a mené un travail de proximité. Elle a négocié un accord avec les associations de jardiniers. Il y a eu un vote, l'accord a été adopté le 6 mars 2021. C'était un moment important ! On s'est sentis soulagés.

— On a pris le temps d'un échange humain... Chaque semaine, Camille passait une journée sur les jardins, le mercredi. On s'est engagés à installer un raccordement électrique là où les jardins ont été déménagés.

---

1 Camille Vienne-Théry est urbaniste à GPA.

— Il y a eu un rendez-vous avec Philippe Fretté, le président de l'association des jardins des Vertus. C'était difficile pour lui. Il comprenait les enjeux. Il était en colère contre ceux qui instrumentalisaient le sujet. Parmi eux, les jardiniers les plus récents. Ils organisaient des opérations d'ouverture au public, sans l'avis des autres.

— ... Il y a eu des tensions, une partialité dans les prises de parole. Camille Vienne-Théry en a fait les frais. Il y a eu des collages sur les murs, « GPA ment ». Ici même, au siège ! Ce n'est pas agréable.

— On a repéré une trentaine de jardins en jachère. Des parcelles libres, où les jardiniers impactés ont pu déménager. On les a aidés à transporter les rosiers. C'est un travail de proximité.

— On a réduit le nombre des parcelles impactées de dix-neuf à dix-sept. On s'est dit : on en a sauvé deux, chouette !

— Les parcelles ont été compensées au mètre carré près.

— On a reconstitué de nouveaux jardins sur un boisement. Bon, en réalité, sur l'ancien terrain de foot des tours gendarmes, qui était envahi d'herbes folles et d'acacias. On a reconstitué un hectare.

— On a pris le temps d'expliquer. On a reçu des journalistes, on a donné au moins quarante interviews ! Alors qu'au départ, ce n'était pas notre projet. Nous-mêmes, on a mis du temps à comprendre.

— On a toujours pensé que c'était tout ou rien[1].

— Le projet alternatif ? Ah ! vous voulez dire, celui du collectif ? C'était du yakafaukon[2]. Oui, il était dessiné par un architecte, mais en réalité, eh bien, les choses ne sont pas si simples... Bon, de toute façon, c'était l'affaire de la ville. Nous, notre mission, c'était de libérer la parcelle.

— On était contraints par le calendrier olympique. Il y avait une subvention de dix millions d'euros pour la piscine. Personne n'avait le choix de bouger le projet. C'était une commande publique. Refaire les plans aurait pris trois ou quatre mois. On n'avait pas le temps. Le temps, c'est important.

— L'évacuation des jardins occupés, le 2 septembre, oui, bien sûr, c'est un choc. Mais attendre, quand on a le calendrier des JO... À un moment, c'est non.

— Le juge des référés aurait pu suspendre les travaux. Or, il ne l'a pas fait[3].

---

1 C'est-à-dire : piscine avec solarium, ou bien pas de piscine du tout.

2 « Y a qu'à », « faut qu'on ».

3 Finalement, il l'a fait, voir chapitres suivants.

— Il y a eu des moments où les choses avaient trop avancé pour reculer. C'est la pression des JO...

— On était déjà en retard. Marge de manœuvre zéro !

— Ça n'était pas déshonorant de se dire qu'il y aurait à cet endroit un solarium ouvert au public. On n'a pas de problème avec ça. Pas de porte-à-faux, pas de regret. Dans cette histoire, il n'y a pas les méchants et les gentils.

— On était soulagés au lendemain de l'évacuation, quand on a rendu les clés à la ville. Après, ce n'était plus notre chantier. Nous avons rempli notre mission de service public : livrer la parcelle pour que soit construit l'équipement voté en conseil municipal. On n'a pas à porter de jugement.

Ces propos me rappellent quelque chose. Je les ai déjà lus, dans un document « à diffusion restreinte », « à ne pas diffuser », que les défenseurs des jardins m'ont gentiment transmis quelques mois auparavant. Grand Paris Aménagement a passé commande à l'agence de communication Publicis pour fournir un recueil d'arguments destinés à faire taire la contestation. De ces semblants d'arguments qu'on appelle des éléments de langage. « Nous pensons qu'il s'agit d'un véritable projet d'intérêt général pour la ville et le département. » Qui pense ainsi ? Le document, dix-sept pages, est signé par la créature immatérielle qu'est Grand Paris Aménagement.

« Le projet de centre aquatique plus particulièrement a été conçu en limitant au maximum l'impact sur les jardins ouvriers [...] et ils ont vocation à être reconstitués sur un site d'un hectare actuellement en friche » (*sic*). Le document s'intitule « Toolkit de crise », littéralement : boîte à outils de crise. Cuirasse rhétorique, écran d'une langue que personne ne parle et qui ne parle à personne. J'arrête de prendre des notes et me tourne vers Stéphan de Faÿ. Je vois le pilier. Entendre une créature institutionnelle c'est intéressant, mais un peu frustrant, à la longue. Laisse-t-elle place à une subjectivité ? Si oui, peut-on y accéder ? Quelle a été la première impression de Stéphan de Faÿ lorsqu'il a découvert les jardins ?

— C'est toujours magique, ces atmosphères d'agriculture vivrière. Ça crée des liens de voisinage... Bon, après, c'est un écosystème particulier. Ce n'est pas ouvert sur la ville.

Le solarium ne l'aurait pas été davantage, mais il aurait sélectionné ses bénéficiaires sur une autre base : la capacité à régler un ticket d'entrée d'une quinzaine d'euros. Dans le monde qui entoure les jardins et qui est le nôtre, l'argent est un filtre tellement légitime qu'il en devient parfois invisible... Pourtant, même accessibles à une minorité d'habitants, les jardins modifient ce qui les entoure, et leur rôle ne se borne pas à la régulation thermique. Longeant les grilles, j'ai observé des rituels. Sans ralentir le pas, une femme qui marche sur le trottoir de l'avenue de la Division-Leclerc arrache vivement les petites feuilles de buis (si c'est du buis) qui dépassent du grillage, et les fourre dans son sac à main. Que va-t-elle en faire ? Sur le même trottoir, non loin de l'arrêt de bus 248, un homme semble psalmodier à l'intention d'un végétal enraciné de l'autre côté du grillage. Pouvoirs magiques.

Mieux vaudrait, c'est vrai, ouvrir plus souvent les petites portes verrouillées. Les militants du collectif réfléchissent, disent-ils, à une façon de le faire qui ne détruise pas les jardins, qui préserve leur rôle vivrier et le sentiment d'un chez-soi, l'entremêlement de relations denses qu'on ne trouve pas dans un parc public, pas à ce degré de densité. Grâce à la JAD, les jardins étaient accessibles. Petite porte grillagée, numéro de portable comme formule magique, abracadabra en 07, et hop, surgissement d'un porteur de clé. Par les bons soins de Grand Paris Aménagement, ces parcelles-là précisément, habitées et ouvertes, ont été évacuées et rasées. Élise, qui prenait soin du cerisier trentenaire, se raidit lorsqu'elle en parle. Elle m'a menée près de la palissade qui sépare la zone dévastée du reste des jardins. Sur ses conseils, j'ai grimpé à un petit arbre d'où j'ai vu un cratère désolé. Paysage lunaire. On le voit aussi, de plus haut, depuis le premier étage de l'Algeco qui abrite le festival des musiques du monde, avenue de la Division-Leclerc. Cratère terreux, grues, pelleteuses. Gâchis, désastre. Dans le bureau du parc du Pont de Flandre me reviennent des souvenirs qui ne sont pas les miens.

— Quand j'ai vu ça, j'ai crié, j'ai pleuré, se souvient Élise.

— Je pleurais, je n'ai pas pu dire un mot, se souvient Dolorès, et à cette pensée, raidissement visible, souffrance. On a manifesté devant la mairie. Après, je suis rentrée chez moi prendre un matelas gonflable, et je suis revenue dormir là, à côté des jardins détruits...

Depuis la plateforme métallique de l'Algeco qu'occupe, avenue de la Division-Leclerc, le festival des musiques du monde, on peut voir, à la place du patchwork où prospéraient d'autres vies que les nôtres, l'espace rasé et excavé. Paysage lunaire. Évidemment, rétrécissement. Là où bruissait un monde, il n'y a plus qu'un trou. Qu'en dit le directeur général de Grand Paris Aménagement ? (Je me tourne à nouveau vers le pilier de bois clair.)

— Oh, des cratères comme ça, dans nos métiers, on a l'habitude... On en voit sur toutes nos opérations !

20

Couloirs

Suis-je naïve ? L'évacuation des jardins et leur destruction hâtive cachent peut-être autre chose. Ziad disait que l'établissement public se comporte comme une entreprise privée tout entière vouée à maximiser ses profits, y compris violer la loi, avec, comme joker, la possibilité de faire appel à la police contre quiconque viendrait contrarier ses vues : « Ce sont des mafieux... », glissait-il. « Des territoires entiers, des poches de relégation, vivent en équilibre précaire, et les cales qui permettent à l'édifice de ne pas s'effondrer ont pour nom clientélisme, corruption, trafic de toutes substances, communautarisme », écrit de son côté Didier Daeninckx dans son opuscule sur les « banlieues naufragées »[1]. Entre Meriem Derkaoui qui a signé le permis de

1 Didier Daeninckx, *ibid.*

construire au lendemain de sa défaite aux élections municipales, Patrick Braouezec qui règne sur Plaine Commune, les décideurs de Grand Paris Aménagement et ceux de la société de bâtiment et travaux publics Spie Batignolles, des transactions frauduleuses ont-elles été passées ? Faut-il envisager le marché public biaisé, les fausses factures, les valises de billets, les virements dissimulés, bref, la corruption et ses juteux profits personnels ?

Je pose la question à deux hommes qui me paraissent peu soupçonnables de naïveté.

Mon premier interlocuteur, cadre supérieur, travaille dans une société de bâtiment et travaux publics concurrente de Spie Batignolles. Nous avons rendez-vous à la terrasse d'un café dans une ville de Seine-Saint-Denis qui, pour ce que j'en vois, ressemble à une coquette banlieue résidentielle de l'Ouest parisien. Géraniums, pelouses vertes sous l'ardent soleil estival, façades mignonnes. Il fait chaud, on boit des Perrier.

— Les méthodes de gangster pour gagner une élection, ça me paraît très, très crédible à Aubervilliers... Il y a beaucoup de clientélisme, en tout cas il y en avait. Mais une grande boîte comme Spie, soumise à des audits et cotée en Bourse, ne peut pas faire n'importe quoi avec les élus. Chez les petits promoteurs, là, oui, tous les moyens sont bons, mais pour les gros, non. Trop risqué... Financer des associations pour se faire bien voir des élus, en revanche, oui, ça peut se faire... Une asso peut servir de structure-écran pour acheter des voix...

Mon deuxième interlocuteur, haut-fonctionnaire et magistrat, connaît intimement le fonctionnement de l'administration, les rouages de l'État. Il en parle comme d'une machine compliquée, puissante, obstinée, parfois fragile et cafouilleuse. Je lui raconte l'histoire et pose la question : corruption ?

— Oh, je ne crois pas. Même pas. Dans ces cas-là, chacun, dans son couloir, fait ses conneries...

C'est limpide comme un haïku.

Chacun
Dans son couloir
Fait ses conneries.

Dans la piscine d'entraînement olympique, les athlètes nageront, le plus vite possible, chacun dans son couloir, repérable au sol par une bande plus foncée, délimité en surface par des flotteurs reliés les uns aux autres. Auparavant, d'autres, moins sportifs, se seront agités avec acharnement dans d'autres couloirs, eux aussi bien délimités, ceux que tracent devant eux leurs institutions respectives. Ces couloirs-là importent plus que les hommes et les femmes qui y font la course. Les hommes et les femmes changent ; les couloirs demeurent.

À la tête de la ville d'Aubervilliers, la communiste Meriem Derkaoui a cédé la place à sa rivale de droite, Karine Franclet. À la tête de Plaine Commune, le communiste Patrick Braouezec a cédé la place au socialiste Mathieu Hanotin. À la tête de Grand Paris Aménagement, Thierry Lajoie a cédé la place à Stéphan de Faÿ. Tous ont œuvré, à leur manière, pour que soient construits piscine et solarium.

Dans le couloir qui mène à l'ascenseur, Stéphan de Faÿ et Marie Gallas-Amblard me disent leur satisfaction d'avoir été entendus par quelqu'un qui écrit un livre. La directrice de communication a parlé à de nombreux journalistes, mais c'est frustrant, dit-elle, parce qu'à chaque fois, des arguments déployés pendant une heure, il ne reste que deux phrases dans l'article de presse ou dans le reportage télévisé. Et là, ça ne rate pas, GPA passe pour le méchant de l'histoire : « On est mal compris. » Dans un livre, espère-t-elle, ce sera différent, « il y a place pour la complexité ». Pour dire quelque chose, et aussi parce que je le pense, je réponds que pour ma part, je crois peu au cynisme. Cette remarque semble les réjouir. Il n'y a pas de quoi. Sauf cas bien réels de jouissance perverse, penser qu'une chose est bonne et faire le contraire place dans une position extrêmement inconfortable. Je crois par conséquent que la plupart des gens préfèrent fuir cet inconfort par un dosage variable de déni et d'autojustification. Sur le point d'entrer dans l'ascenseur, je garde pour moi cette pensée. Aussi le fait que, si je crois en effet peu au cynisme, je crois beaucoup à la connerie, et aux couloirs.

Partie III — Côté Cour

21

Suspense

Stéphan de Faÿ a menti[1], ou pour le moins, joué sur les mots. Le 2 septembre 2021, quand l'évanescent directeur de Grand Paris Aménagement envoie les policiers déloger à coups de tonfas les occupants des jardins et les bulldozers arracher les arbres, il sait qu'un recours a été déposé pour suspendre le permis de construire du centre aquatique. « Le temps, c'est important », a-t-il dit, et c'est vrai. Entre le collectif de défense des jardins et les aménageurs au taquet, une course de vitesse s'est engagée. Trois jours auparavant, le 30 août, les

1 Les jardins ont été détruits le 2 septembre 2021, alors qu'un recours en référé avait été déposé le 30 août. Le juge des référés de la Cour administrative d'appel de Paris a bien suspendu les travaux le 20 septembre 2021. Lorsque j'ai rencontré Stephan de Faÿ, il m'a dit : « Le juge des référés aurait pu suspendre les travaux. Or il ne l'a pas fait » (Voir chapitre « Cratère », p.168.). Mais GPA n'a pas voulu attendre la décision du juge pour ordonner que les jardins soient rasés.

premiers ont déposé un recours en référé devant la cour administrative d'appel de Paris, compétente en matière de travaux olympiques. Référé, urgence, c'est pareil : un référé, c'est une procédure d'urgence qui permet d'obtenir la suspension d'un acte administratif en cas de doute sérieux sur sa légalité, en attendant un jugement au fond. En deux ou trois semaines, le juge n'a pas le temps de dire si le permis de construire est légal ou non, c'est l'affaire de plusieurs mois d'instruction. Mais il peut suspendre, il peut dire : ça sent le roussi, stop, on ne construit rien, on arrête tout et on réfléchit. GPA n'a pas voulu prendre ce risque. Faÿ n'a pas voulu attendre, il s'est hâté d'agir avant que soient écoulées ces deux ou trois semaines. Gagner du temps, mettre le juge devant le fait accompli des parcelles détruites. Face à l'urgence d'empêcher des travaux illégaux, opposer une autre urgence, impérieuse, celle du calendrier olympique.

Formellement, le collectif n'existe toujours pas. Il a un site Internet, une adresse email, mais pas de statut. Pour signer le recours, il faut quelqu'un. Ce sera Ziad Maalouf, qui ne croit pas à la désobéissance civile ni aux remparts de paille, qui se méfie des occupations illégales et des drapeaux rouges déployés sur la JAD les soirs d'été. Ziad qui croit aux procédures devant les tribunaux, en somme à l'état de droit. Les évènements de l'année suivante lui donneront à la fois raison et tort, parce qu'en réalité les deux s'articulent, le droit et l'action militante, en un tissage serré, un enchaînement rythmé comme un morceau de jazz ou comme une prise de karaté. Du 2 septembre 2021 au 2 septembre 2022, douze mois jour pour jour entre la destruction des jardins et l'ultime décision de justice, les recours succèderont aux manifs et les articles de presse aux recours. Selon la formule usuelle, de part et d'autre on construira un rapport de force. Le droit en fait partie, décisif : c'est le juge qui finira par trancher, c'est lui qui décidera si le solarium minéral doit être construit, ou pas. Suspense.

Côté jardins, pour résumer, on a peu d'argent et jusqu'à nouvel ordre, l'appareil d'État contre soi. « Pot de terre contre pot de fer » : sous les auvents, entre les haies, on répète le proverbe. Le pot de terre galvanisé par sa propre audace. Pour gagner, en plus de l'énergie, du temps, de l'intelligence, des principes, des arguments, de l'astuce, de l'entraide, il va falloir de bons avocats. De ceux qui acceptent de bosser pour pas trop cher et sans compter leurs heures. Le collectif en a trouvé deux.

22

Traducteurs

— Ils sont formidables. Jeunes, hyper-compétents, hyper-investis... On a besoin de gens comme ça, capables d'opposer une expertise aux mensonges d'en face.

C'est Dolorès qui parle, enthousiaste. Elle parle de Pierre Heddi, avocat spécialiste du droit public de l'urbanisme, et de Matteo Bonaglia, pénaliste, spécialiste du logement et des libertés fondamentales. Âgés d'une petite trentaine d'années (comme le cerisier abattu), Pierre Heddi et Matteo Bonaglia sont inscrits au barreau de Paris, ce sont de brillants jeunes hommes bien équipés pour une brillante carrière. Je leur trouve à chacun un côté gendre idéal, ils allient rigueur, prestance et bonnes manières. En 2021, l'un et l'autre ont accepté de défendre le collectif des jardins ouvriers d'Aubervilliers. Du collectif et d'autres clients de ce type, engagés, vulnérables,

Pierre Heddi et Matteo Bonaglia acceptent des honoraires modestes et ne facturent que le minimum d'heures. Même, Matteo Bonaglia plaide *pro bono*, c'est-à-dire gratuitement, pour les plus démunis et pour certaines associations. Ces deux-là vivent dans le luxe, au sens évoqué plus haut. Au lieu de vendre chèrement leurs compétences au sein de grands cabinets, ils défendent (à temps partiel pour l'un, à temps plein pour l'autre) ce qui leur paraît juste. Ils n'ont pas voulu servir de mercenaires, ils choisissent leurs causes. Ils circulent d'un monde social à l'autre, d'une langue à l'autre. Bilingues. Aux jardins, leur travail consiste à encoder dans l'austère langue du droit les raisons d'un collectif d'habitants, de jardiniers et de squatteurs amoureux des herbes folles. Traducteurs combatifs, à l'aise partout, dans les allées des tribunaux comme à Aubervilliers sous l'auvent rafistolé des cabanes. Perdus nulle part — ah, comme je leur envie cette capacité à circuler sans s'égarer, à savoir toujours pour qui ils travaillent et pourquoi, où ils mettent les pieds, en somme, qui ils sont… Et ce, à trente ans, trente-et-un ans très exactement, lorsqu'ils entrent pour la première fois en contact avec le collectif… Ce n'est pas vieux… La valeur n'attend pas, *et cætera*… Moi, à trente ans, je travaillais pour un hebdomadaire financier où l'on me conseillait de ne pas interviewer trop d'interlocuteurs différents « parce que sinon ils ne vont pas être d'accord entre eux, ça va t'embrouiller »… Complètement paumée, j'étais : tout l'inverse… Mais je projette, je rêve, passons. L'un et l'autre, pas en même temps, ils se sont rendus sur les lieux, dans le monde parallèle des jardins d'Auber, parce que…

— … J'aime savoir ce que défendent les gens que je vais défendre, dit Matteo Bonaglia, le pénaliste. Je veux me faire mon opinion, je ne veux pas m'enfermer dans le dossier. Je vais dans des squats, dans des logements insalubres. Aux jardins, j'ai d'abord participé à une visite guidée, sur la JAD, au printemps 2021. C'était très beau, très vivant…

— … J'ai besoin de voir par moi-même pour traduire les enjeux de terrain en arguments juridiques, dit Pierre Heddi, le spécialiste du droit de l'urbanisme. La première fois que je suis venu aux jardins, à l'automne 2021, je les avais déjà vus en photos et sur plans, mais quand même, j'ai été surpris… Que ce soit possible, à cet endroit, en pleine ville…

Il faut les imaginer l'un après l'autre, pas ensemble mais animés par des volontés semblables, qui franchissent des frontières invisibles. Ils traversent l'inhospitalière avenue Jean-Jaurès alias RN2, longent l'avenue de la Division-Leclerc face à la cité des Courtillières. Après l'arrêt de bus, ils franchissent la petite porte, cheminent sur les sentiers herbus, lisent « JAD Partout » sur les parois d'une cabane, s'asseyent sur des tabourets branlants ou par terre, à l'ombre du cerisier de Ziad. Dolorès leur offre peut-être une infusion de menthe. À Ziad, Dolorès, Viviane, Even, Corentin, Jade, Marie, Anne, Fleuve, Porco Rosso et d'autres, ils expliquent ce qu'on peut espérer. Ils ébauchent (ou affûtent) une stratégie. Puis ils regagnent leurs cabinets respectifs, dans l'encore populaire quoique largement gentrifié

XVIIIe arrondissement pour Pierre Heddi, dans le XIVe bourgeois pour Matteo Bonaglia.

Ce dernier, en particulier, pratique dans l'espace social des déplacements d'une ampleur peu commune. Spécialiste de droit pénal et de droit au logement, Matteo Bonaglia travaille à la croisée des deux domaines. Dans un entretien donné au site Actu Juridique, il explique qu'il défend, par exemple, « la famille d'une personne abattue par un fonctionnaire de police à l'occasion d'une expulsion locative, ou encore une femme qui a perdu ses deux enfants dans l'incendie d'un logement insalubre, et par ailleurs, régulièrement, des squatteurs ». Proche de l'association Droit Au Logement, l'avocat se voit comme un « travailleur social dans le domaine du droit »[1]. Je le rencontre un matin d'octobre à son cabinet, car il a déjà son cabinet, place Denfert-Rochereau, à proximité du gigantesque lion caparaçonné de cuivre qui domine le carrefour depuis près d'un siècle et demi. Hautain et mystérieux, c'est ainsi que le félin immobile m'est apparu lorsque je l'ai vu pour la première fois, en débarquant à Paris à l'âge de vingt ans, et c'est ainsi que je le vois toujours, énigmatique et solitaire, écrasant de sa superbe les contingences automobiles et marchandes alentour. Matteo Bonaglia travaille dans un bel immeuble haussmannien en retrait du carrefour, à l'ombre des sophoras, sous la juridiction de la statue. Écrivant ces lignes, je repère rétrospectivement

1 Matteo Bonaglia, https://actu-juridique.fr, 18 juillet 2022.

chez le jeune avocat quelque chose qui rappelle le lion métallique, mélange de souplesse et de raideur, chevelure grise et visage juvénile, comme lui impavide et singulier, également distant, incorruptible, aussi solidement ancré que la statue sur son socle. Ancré dans quoi ?

Matteo Bonaglia me fait entrer dans une salle de réunion lumineuse d'où l'on voit bouger au gré du vent le feuillage doré des sophoras, m'invite à poser mon cahier sur une table de bois massif et me prie de l'excuser, ce sont ses mots, des mots d'une politesse un peu désuète qu'on n'imagine pas forcément en vigueur dans les squats — il me demande donc de ne pas me formaliser de sa tenue, comment dire, un peu informelle, admet-il, vu qu'il a fait du rangement ce matin-là. Moi, comme tous les jours d'automne ou presque, je porte un jean et un pull. Lui-même est vêtu d'un jean droit gris sombre et d'un pull de la même couleur, ou peut-être jean noir, pull noir. Sobriété militaire ou monacale. Je m'y attarde parce que l'habit a son importance. La tenue de Matteo Bonaglia lui permet de circuler d'un monde à l'autre sans se déguiser, sans trahir. Au tribunal, l'avocat revêt la robe. Sur le site Internet du cabinet Bonaglia Avocats, une photo en noir et blanc montre Matteo dans son bureau, devant ce qui paraît être un tableau abstrait, portant cravate et sanglé dans un costume sombre. La photo pourrait figurer sur le site d'un brillant avocat d'affaires, d'un jeune fiscaliste ambitieux. Même tenue élégamment *corporate* sur le plateau de l'émission en ligne

« Hors-Série » produite par Judith Bernard, où le pénaliste alerte, dès 2017, sur les violences policières et les placements en garde à vue abusifs de nombreux manifestants[1]. Pourquoi cet uniforme de cadre supérieur ? Sans doute parce que leur monde lui est familier. Bonaglia Avocats compte deux associés, l'autre s'appelle Fabio Bonaglia. Frère aîné de Matteo, il se présente comme spécialiste de droit des affaires et de droit immobilier, c'est ce que je lis après coup sur le site du cabinet ; il a travaillé pour de grands cabinets parisiens et, je cite, « accompagné de grands groupes étrangers (industrie, automobile, mode et luxe) sur la sécurisation des activités de leurs filiales en France ». Fabio Bonaglia exerce dans un bureau distinct de Matteo, avenue George-V, à deux pas de l'Étoile, au cœur du Triangle d'Or de la capitale. Écrivant ces lignes je navigue, songeuse, médusée, sur leur site Internet commun. Quelle fratrie étrange. Quelle alliance. Repensant au cadet, je vois alors dans son formalisme une marque de respect envers ceux qu'il défend. Dolorès évoquait « une belle personne ». Oui. Par son costume strict et ses manières exquises, Matteo Bonaglia signifie que, par exemple, les sans-papiers expulsés d'un squat, qu'il défend *pro bono* ou moyennant l'aide juridictionnelle, ne méritent pas moins d'attention — verbale, vestimentaire, juridique — que les riches clients institutionnels de son frère avenue George-V. Aussi, et l'un n'empêche pas l'autre, il

1 « Pleins pouvoirs à la police », Hors-Série, 27 mai 2017.

arbore une armure, comme le lion de Bartholdi cuirassé de métal. Chevalier sans peur et sans reproche. Sans doute, au surplus, le jeune homme aux cheveux gris aime-t-il l'élégance des phrases et des étoffes, dandysme pas si fréquent dans les milieux militants qu'il défend et auxquels il appartient lui-même, à sa façon. Déplacé ? Justement, Matteo est quelqu'un qui se déplace. Dans son sillage il fait valser les assignations ordinaires, ou du moins, certaines d'entre elles. Pour le moment, nous prenons place dans la salle de réunion lumineuse de la place Denfert-Rochereau, de part et d'autre de la table en bois luisant.

— Cette JAD, on l'a préparée en amont, se souvient-il. Je suis venu aux jardins dès le début du printemps 2021 pour informer les militants sur leurs droits. Oui, sous le cerisier... On se pose la question : si le dialogue échoue, si la démocratie est un peu mise à mal au profit du passage en force, que faire ? La convention d'occupation précaire signée entre GPA et la société des jardins ouvriers d'Aubervilliers prend fin le 30 avril. Il apparaît qu'il n'y a pas d'autre choix que d'occuper les lieux, s'y installer à des fins d'habitation. Forcer GPA à assigner les militants en expulsion, c'est en principe obtenir un délai — quoiqu'en l'occurrence, GPA n'en ait tenu aucun compte... C'est aussi offrir aux défenseurs des jardins une première tribune, leur permettre de faire valoir le péril pour les lieux, pour la biodiversité. C'est une forme de communication. Un procès comporte plusieurs cercles...

Ici, Matteo Bonaglia cite le juriste et philosophe Chaïm Perelman, que j'ai brièvement croisé pour ma part lorsque j'étudiais la philosophie — plus exactement, c'est son œuvre que j'ai croisée, vu que l'homme, né dans une famille juive de Varsovie en 1912, est mort à Bruxelles en 1984. J'imagine l'auteur du *Traité de l'argumentation*, ou plutôt son fantôme, s'invitant dans les discussions sous le cerisier. Voilà qu'il rôde auprès des jadistes jusqu'aux remparts de paille. Dans un procès, leur souffle Perelman, se glissant invisible sous l'auvent des cabanes, il y a d'abord un premier cercle avec les parties à l'audience. Le deuxième cercle, ce sont les habitants d'Aubervilliers, les jardiniers. Le troisième, c'est l'opinion publique. Un conflit sur qui a le droit de faire quoi, c'est l'occasion d'un débat. Comme le suggérait Topinambour : le rempart de terre-paille est une arme rhétorique.

— Expliquer le droit sans faire le mondain, pour moi, c'est une continuation de mon engagement militant… Oui, j'étais assez politisé dès le lycée… Je me suis demandé comment poursuivre cet engagement, j'ai choisi le droit. J'ai rejoint l'association Droit Solidarité[1]. En France, l'association était animée par Roland Weyl, ancien résistant et membre du Parti communiste, jusqu'à son décès, au printemps 2021, à l'âge de cent-deux ans… Il a été mon

1 « L'association Droit Solidarité est elle-même membre de l'Association internationale des juristes démocrates, qui rassemble des avocats du monde entier, fondée par le prix Nobel de la paix René Cassin et un grand avocat communiste, Joë Nordmann », précise Matteo Bonaglia sur le site Actu Juridique.

mentor, mon directeur de conscience politique dans le monde du droit. Il m'a montré que l'avocat n'est pas forcément un notable réactionnaire, ni même un défenseur apolitique de la veuve et de l'orphelin. Il avait une approche politique de son travail, que j'ai faite mienne. Je l'ai rencontré dans la vingtaine. J'étais — oui, je sais, c'est bizarre — à Assas...

Sise face au jardin du Luxembourg dans l'élégant VIe arrondissement parisien, la faculté de droit la plus réputée de France est aussi la plus ardemment conservatrice ou, selon les points de vue, la plus franchement réactionnaire. Rares sont les anciens à défendre les squatteurs, les expulsés, les sans-papiers.

— À Assas, il y avait des groupes d'extrême-droite, Génération identitaire, le GUD. Mais j'ai surtout vu une jeunesse dorée qui ne se posait pas trop de questions et faisait comme papa... Et pas mal d'étudiants, pour la plupart provinciaux, en phase d'ascension sociale. Moi, je suis marxiste-léniniste, proche de l'ancienne Ligue communiste révolutionnaire et de Lutte ouvrière. Nous, les gauchos, on était peu nombreux, mais on se connaissait bien. J'ai noué à Assas des liens forts, qui durent... Oui, j'ai évolué dans des milieux farouchement hostiles à nos idées ! Déjà, au lycée, à Levallois, je faisais de l'escrime, un sport de droite... Vraiment, ça vous intéresse ?

Matteo Bonaglia semble hésiter, il marque une courte pause, inspire un peu d'air comme avant un plongeon.

— Alors... Ma mère est issue de l'aristocratie et de la grande bourgeoisie parisienne. Du côté paternel, la branche italienne de ma famille, eh bien, l'histoire est différente, plus heurtée. Pendant les années de plomb, certains se sont engagés du côté de la gauche radicale. Voilà, je suis un peu le cul entre deux chaises... Grâce à mon éducation, je maîtrise les usages et la phraséologie des interlocuteurs institutionnels, ça aide ceux que je défends. Quand on a des moyens économiques et culturels, je crois qu'on doit se sentir investi d'une responsabilité d'autant plus grande... Un parcours inhabituel, dites-vous ?

Pierre Heddi, lui, est fils d'institutrice. Mince, mat, brun. Il n'a pas trop connu son père. Élevé par sa mère du côté de Toulouse, il est monté à Paris pour son master, à Assas lui aussi (l'image de la « montée » à Paris s'impose, balzacienne, comme s'il fallait gravir une pente, et en effet, il le faut). L'engagement est venu « progressivement, naturellement », sans affiliation idéologique structurée, plutôt par sensibilité écologique et par intérêt pour « la vie de la cité », ce sont ses mots. « J'ai moins de recul que Matteo », dit-il. Les deux se connaissent et s'apprécient, ils se sont rencontrés en 2016 place de la République, dans l'effervescence militante de Nuit Debout. À partir de là, âgé de vingt-six, vingt-sept ans, Pierre Heddi s'est mis à bosser pour le Collectif pour le Triangle de Gonesse, pour le Mouvement national de lutte pour l'environnement en Seine-Saint-Denis, puis pour les jardins ouvriers d'Aubervilliers. Parallèlement, parce qu'il n'hérite de rien et qu'il faut vivre, il travaille sur

« des dossiers plus classiques » comme collaborateur salarié au sein d'un cabinet de droit de l'urbanisme. Plus classiques, mais, me précise-t-il aussitôt, « pas adverses ».

Choisir son camp. Ne pas trahir. Traduire.

23

Verdicts

C'est Pierre Heddi qui remporte la première victoire. L'audience de référé sur le permis de construire du centre aquatique se tient le 15 septembre 2021 à la cour administrative d'appel de Paris, moins de deux semaines après la destruction des jardins. Illégal, douteux ? Pendant un peu plus d'une heure, Stéphane Diémert, le magistrat chargé du dossier, écoute les avocats des deux parties. Enfin, il essaie. La salle, la plus grande du tribunal, est comble. On retrouve Dolorès, Ziad, Ivan parmi les défenseurs des jardins venus nombreux. L'ambiance est houleuse. À un moment, l'avocat de GPA développe un argument spécieux ou vu comme spécieux côté jardins, les huées fusent, le juge doit rappeler à l'ordre, se souvient Pierre Heddi. Qui, au vu du mémoire remis la veille par la défense adverse, selon ses mots « assez faible », arrive à l'audience plutôt confiant. Mais pas complètement sûr de la décision non plus, parce qu'on ne sait jamais, explique-t-il. On pourrait croire que le juge est là pour faire appliquer la loi et basta, mais en fait, c'est plus compliqué, le juge cherche un équilibre, il vise l'intérêt général ou ce qu'il perçoit comme tel, avec les biais qui peuvent en résulter. C'est ce qui inquiète Pierre Heddi, ce jour-là. Le magistrat pourrait penser : « OK, c'est illégal, mais bon, il y a urgence, GPA doit lancer les travaux pour tenir les délais des Jeux olympiques, c'est dans l'intérêt public, donc ça passe… » Absent de Paris au cours des mois précédents, l'avocat avait traité le dossier à distance, depuis la campagne. Devant le majestueux hôtel de Beauvais où loge la cour administrative d'appel, dans le quartier du Marais, Pierre Heddi rencontre pour de bon Ziad, Dolorès et Ivan. Dès lors, dit-il, quelque chose se noue, « plus fort ». Suivent cinq jours de suspense durant lesquels, au Fort d'Aubervilliers, les travaux continuent sous la protection de vigiles. Le sol des parcelles détruites est excavé sur quatre-vingts centimètres, tandis que de l'autre côté de la palissade, sur une parcelle épargnée, Dolorès et quelques autres dorment à la belle étoile. Le cinquième jour, la décision tombe : on arrête tout, suspension des travaux ! Côté jardins, joie, soulagement. Dans les jours qui suivent, on s'aperçoit pourtant que les travaux continuent, à peine ralentis. N'empêche. C'est une victoire, ce n'était pas gagné et ça augure bien de la suite, se souvient Pierre Heddi, rétrospectivement soulagé. Ça donne du courage, de l'allant. L'avocat se souvient de la date, le 20 septembre 2021, il y voit « un moment fondateur de la lutte juridique ». Ou le premier épisode d'un feuilleton à rebondissements.

Et après ?

En novembre, déception. « Comme un chagrin d'amour », confie Pierre Heddi. La ville d'Aubervilliers a revu le permis de construire, le cabinet d'architectes a bossé. Les travaux tels que prévus entraînaient l'arrachage d'arbres sur le parking, il fallait les « compenser », c'est-à-dire replanter d'autres arbres sur le même site, or le compte n'y était pas, il en manquait une vingtaine : où va-t-on bien pouvoir les mettre, les nouveaux arbres qu'il faudra commander chez un pépiniériste ? Sur le solarium. Mais oui, des arbres sur un solarium. Comme l'affirme la sous-préfète, encourageante, ce sera « un solarium ombragé », où est le problème ? Juridiquement, aucun. La cour valide. Je relève l'oxymore, il fait écho au vivant qui ne vit pas. Une certaine densité d'oxymores dans un discours témoigne assez sûrement d'une vision du monde défaillante, d'une incapacité à saisir le réel, l'équivalent verbal d'un chèque sans provision. Les mots s'évident, le sol se dérobe, les travaux reprennent.

Et après ?

Enchaînement rythmé, accélération. « On a multiplié les angles d'attaque », indique Pierre Heddi. Une autre requête est en cours contre le plan local d'urbanisme intercommunal, contre son zonage piégeux qui rend constructibles des milliers de mètres carrés de jardins et annonce, après le solarium et le spa, un programme de logements et de bureaux. Pendant qu'à l'hôtel de Beauvais les magistrats étudient le dossier, Grand Paris Aménagement et la ville jouent la montre à Aubervilliers. Les jardiniers et les militants, eux, discutent avec les ouvriers du chantier, ils leur apportent du café chaud, ils grimpent aux arbres pour voir ce qu'il se trame et, fin janvier, début février, repèrent les bétonnières. Spie Batignolles, maître d'œuvre, s'apprête à engloutir sous le béton les 4000 mètres carrés déblayés. Que faire ? Attendre la décision de justice, imminente ? Une fois le béton coulé il sera trop tard, plus question de replanter quoi que ce soit, le sol sera irrécupérable pendant plusieurs décennies. « Tant qu'il y a de la terre, il y a de l'espoir », glisse Matteo Bonaglia. Ou peut-être est-ce Dolorès Mijatovic, ou Jade Lindgaard, je ne sais plus, dans cette histoire les mots circulent, l'énergie aussi. Bref. Quand faut y aller, faut y aller. Action. Le 2 février 2022, à l'aube, une vingtaine de militants du collectif, parmi lesquels Jade Lindgaard, s'introduisent sur le chantier. Certains s'enchaînent aux engins avec des cadenas de vélos. La police intervient, c'est boueux, musclé, ça prend quelques heures. Au terme desquelles les policiers procèdent à l'exfiltration forcée des militants et en placent huit en garde à vue. Jade en fait partie.

Et après ?

Le 10 février, moment décisif à l'hôtel de Beauvais. Dans une formation collégiale mobilisant six magistrats, la cour administrative d'appel de Paris annule le plan local d'urbanisme intercommunal, jugé incompatible avec les directives de la région Île-de-France en matière de protection environnementale. Malgré un vocabulaire aride dont il est impossible de faire complètement l'économie dans ces pages, le verdict est clair. Les défenseurs des jardins font la fête, Pierre Heddi apprécie « une jolie décision ». Ajourné, le solarium... en attendant une décision définitive sur le nouveau permis de construire. Surtout, m'explique Pierre Heddi, la décision va bien au-delà du solarium, parce qu'elle envoie aux oubliettes les logements, bureaux et commerces prévus par la zone dite d'urbanisation mixte, au cœur des jardins. Les arguments des aménageurs tombent les uns après les autres, s'effondrent comme un château de cartes. Cependant, les travaux se poursuivent, par l'effet peut-être de ces couloirs dans lesquels des hommes et des femmes vont obstinément de l'avant, sans rien voir ni connaître, jusqu'à se heurter à un obstacle plus tranchant que les autres. Le 9 mars, la même cour administrative d'appel — dont on imagine les magistrats un peu agacés, quand même — la cour, donc, enjoint à la mairie d'Aubervilliers de faire immédiatement cesser les travaux sans lien avec la piscine. Car il est avéré désormais qu'une piscine olympique n'entraîne pas fatalement solarium et espace de fitness.

Et après ?

Mise à l'arrêt, la machine résiste, s'emballe, hoquette. Sur le chantier, le verdict demeure sans effet, les ouvriers terrassent, nivellent, transportent. La responsabilité est ailleurs, là où chacun, dans son couloir, fait ses conneries — comment y mettre un terme ? Dolorès, venue apporter au chef de chantier la notification de la décision judiciaire, se retrouve fissa placée en garde à vue pour organisation de manifestation illégale et passe la nuit au commissariat. De la même façon, il n'est pas simple d'arrêter une imprimante quand par erreur on a lancé l'impression de cent pages au lieu d'une. On peut s'attendre à des feuilles déchirées, des coulées d'encre et des bourrages papier, mais patience, on finit par y arriver. Le 14 mars, la maire d'Aubervilliers annonce l'abandon des travaux sur les jardins détruits, sauvés de justesse du béton. Pierre Heddi a fait du bon travail. « On a gagné ? » demandent Jade, Dolorès, Ziad et les autres. Gagné du temps, c'est sûr, mais gagné tout court ? Pour de bon ? Ils n'y croient pas tout à fait, il peut y avoir un loup... À confirmer. En attendant, Matteo Bonaglia n'a pas chômé non plus. Au civil, les magistrats du tribunal judiciaire de Bobigny déclarent illégale l'expulsion des jadistes, parce qu'en France on n'expulse pas les gens sans préavis même des occupants sans droits ni titres, il faut les avertir, respecter les délais légaux[1]. En dédommagement, l'établissement public Grand Paris Aménagement est condamné à verser aux personnes expulsées la somme de 7346 euros et 5 centimes, me précise maître Bonaglia, somme

1 Depuis, la loi dite « anti-squat » du 27 juillet 2023 a assoupli les conditions d'expulsion.

qu'à l'heure où j'écris ces lignes GPA n'a pas versée. Le 7 juillet 2022, au début d'un été caniculaire, les magistrats de l'hôtel de Beauvais annulent le permis de construire tel que modifié par la ville d'Aubervilliers huit mois auparavant « en ce qui concerne la zone sans lien avec la piscine », à savoir la frange ouest des Vertus, où se trouvaient les parcelles rasées par GPA. Le cerisier qui voulait vivre. Le cratère.

— Alors, c'est vrai, on a gagné ?

Victoire amère. On ne coulera pas de béton, mais il n'y a plus de potirons. Injonction est faite à la ville d'Aubervilliers de « remettre en état » les parcelles. Ici, bien sûr, l'état de droit trouve ses limites concrètes. Rêve de réversibilité : j'imagine que Dolorès, Élise, Ziad et les autres ont rêvé quelquefois aux jardins « comme avant ». Sûrement, certains matins, ils se sont réveillés en croyant, encore somnolents, la terre intacte, avec ses haies et ses hérissons qui filent sur les sentiers. Paupières closes, Élise a pensé : « Tiens, il faudra que je mette de l'engrais au pied de mon cerisier, ou que je dégage la branche maîtresse ». Puis les uns et les autres ont ouvert les yeux, se sont ébroués, l'image du cratère leur est revenue aussitôt en mémoire, entêtante, scandaleuse. « Remettre en état », c'est ce que dit le juge en juillet 2022. Retransformer le cratère en jardins, tout à l'envers. Plus facile à dire qu'à faire, ça prendra du temps. Des années pour que poussent des arbres à l'ombre desquels se protéger du soleil, dans les branches desquels nicher. Le droit ne peut pas tout. Effet immédiat, en revanche : le juge a tranché, sa décision fait jurisprudence. Victoire, tout de même. Partout en France, les élus et aménageurs feront plus attention. Peut-être. Dans leurs couloirs respectifs ils réfléchiront à deux fois avant de bétonner, c'est une pression en ce sens. Du moins, c'est ce qu'espèrent les défenseurs des jardins.

Mais en ce torride mois de juillet 2022, l'histoire du solarium (ombragé ou non) n'est pas tout à fait terminée.

24

Anniversaire

2 septembre 2022. Un an jour pour jour après la destruction des jardins et l'expulsion de leurs occupants, je me rends au tribunal judiciaire de Bobigny. Huit militants doivent y être jugés parmi ceux qui se sont introduits sur le chantier, sept mois auparavant, par une aube glaciale de février. Ils (et elles) voulaient, en s'enchaînant aux engins, empêcher la bétonisation du sol. Depuis, les travaux ont été déclarés illégaux, mais qu'à cela ne tienne, Grand Paris Aménagement, la ville d'Aubervilliers et Spie Batignolles, ces êtres fictifs et immatériels constitués d'innombrables couloirs, ont porté plainte au pénal. Les huit sont accusés d'attroupement sur la voie publique, de manifestation non autorisée, de blocage de chantier et, pour l'un d'entre eux, de refus d'obtempérer. Ils vont comparaître devant la seizième chambre correctionnelle du tribunal judiciaire. Pour les soutenir et pour dénoncer l'absurdité d'un

procès désormais anachronique, les défenseurs des jardins ont organisé un rassemblement sur les lieux.

Avec sa charpente métallique bleu vif et ses murs de béton, le tribunal de Bobigny semble hésiter entre école et prison. Rien à voir avec le faste patrimonial de l'hôtel de Beauvais, ancré dans une histoire séculaire. Ici, les murs n'ont pas de passé, ni vraiment d'avenir. Le passé et l'avenir sont des luxes que ne se permet pas le service public de la justice dans le département le plus pauvre de France métropolitaine. Il faut parer au plus pressé, aux nécessités sans gloire d'un présent qui se répète. Littéralement : ça manque de perspective(s). Dans un environnement bétonné que transperce la N186, les justiciables du 93 ne voient se déployer ni splendeurs symétriques en pierre taillée, ni élans de verre et d'acier à la Jean Nouvel. Ni patrimoine ni design, ils retrouvent ici ce qu'ils voient partout ailleurs dans le voisinage, à la maison, au lycée, au guichet de la Sécu, à la poste, à la médiathèque, à l'hôpital, béton, rambardes de sécurité, volumes sans grâce. Bref, c'est assez moche, surtout par un matin gris. D'habitude, le parvis que traversent vivement magistrats, avocats, justiciables et courants d'air invite peu à faire la fête. Pourtant, une fois gravis les degrés qui mènent vers l'esplanade, me voici en manif, au théâtre, peut-être au carnaval.

Je reconnais Corentin, Viviane, Fleuve, Porco Rosso, quelques autres. Jade, qui fait partie des prévenus. Pas mal de têtes inconnues aussi. Des journalistes : *Le Parisien*, *Reporterre*, Le Média, France3.

Un barnum a été installé, qui protège de la pluie les enceintes, la sono, des tracts, des brochures. Un autre abrite des thermos de café et de thé, de l'eau, du jus de fruits, des gâteaux artisanaux, des sachets de graines. Un fil a été tendu, où sont suspendues par des pinces à linge les photos en noir et blanc des accusés de ce procès hors les murs : Karine Franclet, maire d'Aubervilliers ; Anne Hidalgo, maire de Paris et responsable des infrastructures olympiques ; Valérie Pécresse, présidente de la région francilienne ; Emmanuel Macron, président de la République. Micro en main, Dolorès explique les enjeux. Elle veut tenir ici, aux marges du tribunal, « le procès des bétonneurs ». Chef d'accusation : « Ils détruisent les terres fertiles d'Île-de-France ». Pour en juger, quelqu'un annonce : « Faites entrer les avocanimaux ! » Surgissent des marionnettes géantes, deux mètres de haut, en papier mâché. Fabriquées à la main pour l'occasion par des bricoleurs un peu esthètes, elles se livrent à un simulacre de procès. J'écoute la plaidoirie d'une mésange en robe noire d'avocat, le verdict d'un cerf en robe rouge de juge. Spectacle, applaudissements. Musique.

La foule est chamarrée, curieusement vêtue. Deux hommes et une femme se prélassent, ou font mine de se prélasser, dans des chaises longues. Malgré la grisaille, ils arborent chapeau de paille, lunettes de soleil, serviette éponge bariolée, paréo noué autour d'un jean. Au centre de l'esplanade, parmi les orateurs et les porteurs de banderoles, je repère d'autres paréos, d'autres serviettes de plage, des slips de bain enfilés par-dessus les pantalons.

Une femme porte un costume de plongée et par-dessus, un haut de maillot jaune soleil. En face, deux femmes en maillot se sont assises sur des nattes. Pas frileuses. L'une est coiffée d'un bob, l'autre a apporté des palmes. Membres d'Extinction Rebellion, elles sont venues par solidarité avec les huit personnes qui doivent être jugées dans quelques heures. Le mot d'ordre, expliquent-elles, c'était de s'habiller comme pour aller bronzer au solarium. Il s'agit de rappeler l'objet de la bataille pour le tourner en dérision. À quelques mètres, un panneau sur lequel on peut lire, à l'intention des juges :

> Solarium annulé
> Relaxez-vous.
> Relaxez-les.

J'aime bien le jeu de mots. Moins les maillots de bain, les paréos, les palmes. L'habit a son importance (bis). Mon goût pour l'élégance bourgeoise, mon désir bien ancré de respectabilité se trouvent ici contrariés. Oui, j'éprouve une réticence, un agacement. Parce que je crois qu'ils ont raison de se battre, les défenseurs des jardins, je voudrais les rhabiller. Les préserver du ridicule, leurs idées avec eux. Dignement enveloppés dans leurs robes, les magistrats et les avocats qui se dirigent à pas pressé vers le tribunal nous jettent un regard circonspect. Qu'est-ce que c'est que cette bouffonnerie ? pensent-ils sans doute. Ainsi pensent aussi, du moins je le suppose, les autres prévenus et leurs familles qui traversent l'esplanade, parfois porteurs de fringues à logos, survêtements Nike ou

Lacoste, sacoches siglées Vuitton ou Prada. Près du barnum, deux hommes se marrent. Âgés d'une quarantaine d'années, eux portent costume sans cravate et chemise bleue, l'uniforme des cadres contemporains. Ils ont tombé la veste. Je les vois qui se servent un café. Des responsables juridiques de GPA ou Spie Batignolles ? Avant que je puisse m'approcher, ils ont disparu. Au même endroit, un adolescent de treize ou quatorze ans choisit un morceau de gâteau. « À la pâte de haricot noir », précise une jeune femme qui apporte aussi du gaspacho. « C'est quoi, du gaspacho ? » demande l'ado. Il arbore un sweat-shirt noir à capuche et une casquette, uniforme générationnel, et autour du cou un bandana qu'il peut remonter d'un geste, « comme ça », montre-t-il, pour se couvrir le visage jusqu'aux yeux. Craint-il une évacuation policière, des jets de gaz lacrymogènes ? « On ne sait jamais », glisse-t-il. Dolorès m'informe que le garçon habite la cité des Courtillières, en face des jardins ouvriers, qu'il est venu sur la JAD à plusieurs reprises, qu'il lui est arrivé de piquer dans la caisse mais qu'il est, dit-elle paisiblement, « avec nous ».

Moi qui ne porte ni maillot de bain, ni sacoche à logo, ni bandana, ni robe d'avocat, ni costume, je songe à l'habit idoine, l'habit qui conviendrait à la défense des jardins... Celui qui me siérait, à moi... Enfin, à nous... Sobriété, minimalisme, belles matières, résistance, coloris subtils... Fonctionnalité, polyvalence, ampleur... Comme dans un défilé du couturier Christophe Lemaire... En moins cher... Ça aurait de la gueule... Où mène cette rêverie vestimentaire ? Je pense soudain à David Graeber[1], génial anthropologue américain. Je l'ai rencontré à Londres quelques mois avant sa mort précoce, survenue deux ans jour pour jour avant ce matin gris de septembre. À l'en croire, les militants ont peut-être raison, avec leurs marionnettes géantes et leurs dégaines de carnaval. Par nature, le carnaval frôle la subversion, c'est bien connu. Ce qui l'est moins, expliquait Graeber, c'est que la subversion carnavalesque peut exercer des effets durables. On se déguise, on se moque, on parodie l'autorité, on fait surgir ses ridicules, ses ficelles, on surjoue son côté grotesque, bref, on fait chuter le pouvoir de son piédestal symbolique. En principe, la fête a une fin — parenthèse, soupape. Graeber montre pourtant que la lucidité rieuse qui s'y exprime ne rentre pas forcément de sitôt dans sa boîte, que les moqueurs n'acceptent pas toujours de revenir, du jour au lendemain, aux déférences prescrites, de sorte que le carnaval se mue parfois, dit-il, en processus révolutionnaire. L'idée ne déplairait pas aux porteurs de paréos qui s'expriment par ailleurs très sérieusement (sur une pancarte : « La nature est un champ de bataille social et politique »). Oui, le fantôme malicieux de David Graeber danse en ce matin gris sur le parvis en fête. J'espère qu'il s'entend bien avec celui de Chaïm Perelman, lequel ne doit pas être très loin non plus, vu que sa théorie du procès et des cercles argumentatifs se trouve ici très concrètement illustrée. Avant l'audience et dans

1 Ne pas confondre avec Frédéric Graber mentionné p. 77.

sa périphérie immédiate, le procès qui se tiendra quelques heures plus tard irradie déjà en tribune publique. Voici qu'arrivent les avocats des militants. Pas les avocanimaux, non, les vrais. Matteo Bonaglia explique aux journalistes les enjeux du procès et sa propre stratégie de défense. Il est accompagné de sa consœur Coline Bouillon, spécialiste de la garde à vue. Leurs amples robes noires découpent dans la petite foule chamarrée un espace à part.

13h50. Montrer une pièce d'identité, ouvrir son sac. Franchir le seuil de la salle d'audience (poutrelles métalliques, tuyauterie apparente). Oublier la fête sur le parvis, les sachets de graines, les slogans, les maillots de bain. Pénétrer dans un monde où règnent la gestuelle du droit, ses drapés et sa langue. Trois juges officient, des hommes plutôt âgés. La procureure de la République est une femme plus jeune. Assis sur une estrade, derrière un pupitre, les magistrats surplombent les huit militants devenus ici, subitement, des prévenus. Quatre hommes et quatre femmes font face aux juges. Le public ne voit que leurs dos, que ne protège aucun uniforme. Silhouettes bariolées, singulières, vulnérables. Jade Lindgaard porte une robe fleurie. Certains (et certaines), ont attaché dans leurs cheveux des morceaux de papier blanc. J'apprendrai que ces fleurs de papier font référence à celles qu'ils (et elles) ont fabriquées avec du papier toilette pour passer le temps pendant leur garde à vue. Les juges ignorent ce détail. Peu leur importe. L'un des magistrats résume les faits, c'est-à-dire qu'il encode dans la langue du droit les gestes effectués et les paroles prononcées sur le chantier du solarium le matin du 2 février 2022. L'effet est déroutant. Un peu effrayant. La langue parlée en ce lieu paraît inamicale.

— ... Intrusion... Chantier totalement à l'arrêt du fait de cette intrusion... La police demande aux prévenus de quitter les lieux... Une femme souhaite parler aux fonctionnaires de police, qui l'identifient comme leader du mouvement et organisatrice de la manifestation... Elle montre une pièce d'identité... Madame Lindgaard, ici présente... Elle les prévient que les manifestants sont attachés aux silos... Site privé... Sans autorisation... Aucun manifestant n'obtempère à leurs injonctions de quitter les lieux dans le calme... Risque de sécurité... Entrave... Trouble à l'ordre public... Contrevient au code de sécurité intérieure... Qui reconnaît sa participation à ces faits ?

Les militants ne veulent pas parler cette langue. Les uns après les autres, ils répondent :

— Je garde le silence.

Huit fois.

Pour obtenir la relaxe, il va pourtant falloir parler.

Viviane témoigne. La trentaine précaire et diplômée, elle est vacataire dans l'enseignement supérieur et cultive une parcelle aux Vertus. À de nombreuses reprises, j'ai croisé cette femme aux cheveux coupés au carré, aux traits déterminés, qui semble être de toutes les mobilisations pour les jardins. Les juges ne comprennent pas : Viviane est-elle enseignante ou, comme elle vient de le dire, « jardinière » ? Les juges ne connaissent pas le monde parallèle que forment les jardins ouvriers, ils raisonnent d'après les catégories en vigueur partout ailleurs dans le monde général, dans le monde officiel où l'on est salarié, usager, consommateur. Le point doit être clarifié, c'est-à-dire traduit, c'est un peu laborieux. Viviane évoque la fraîcheur des jardins, qui contraste avec la chaleur étouffante de son appartement exigu. Elle fait valoir qu'avec leurs salaires petits, son compagnon et elle-même peineraient à s'offrir, à eux-mêmes et à leur fille de trois ans, les fruits et légumes frais que leur parcelle produit en abondance. Puis la jeune femme entreprend de monter en généralité. Elle s'exprime « comme citoyenne », elle veut faire valoir que ce qui est vrai pour elle et sa famille l'est pour tout le monde, elle veut en tirer des conséquences. Son langage lui ressemble, vibrant et raide. Lorsqu'elle évoque le dérèglement climatique, les recours intentés et les résistances préfectorales, les magistrats l'interrompent. Viviane tient un discours « militant », disent-ils. Elle ne parle pas la langue requise.

Le deuxième témoin, on le connaît. Ivan Fouquet sait s'adresser aux institutions. Voix posée, douce, qui porte cependant — privilège masculin. Titre d'architecte. Technicité. Il est question de mètres carrés constructibles, de plan local d'urbanisme intercommunal (PLUI), de schéma directeur de la région Île-de-France (SDRIF). Expertise, respectabilité. Quand Ivan dit que Grand Paris Aménagement prend prétexte des travaux olympiques pour chasser les jardiniers et construire, en plus du solarium, des logements et des bureaux, il parle comme celui qui constate, informé, un peu navré, une vérité manifeste.

La procureure de la République sent-elle le glissement qui s'opère ? La question n'est pas de savoir si la cause est juste ou non, dit-elle. L'infraction est caractérisée, dit-elle encore.

— La liberté de manifester s'arrête là où commence celle des autres. En l'occurrence, celle de la société Spie Batignolles... Je vous demande de les condamner...

La procureure de la République requiert une amende de 2500 euros pour chaque prévenu, et pour Jade Lindgaard, présentée comme l'organisatrice de la manifestation, une interdiction de port d'arme pendant un an. À ces mots, un rire léger parcourt l'assistance. Moi aussi, je ris. Jade, journaliste, Jade que voici en robe fleurie, digne et droite devant ses juges quoique visiblement tendue par le stress, je l'imagine soudain charger un fusil-mitrailleur. C'est grotesque. Nous rions. L'année suivante, aurions-nous ri de la sorte ? Popularisé par le ministre de l'Intérieur, le terme d'« éco-terrorisme » aura envahi le discours public — grotesque, mais nuisible. En ce jour de septembre 2022, dans notre innocence, nous rions.

Maître Bonaglia prend la parole. Grave et posé, il plaide la relaxe des huit. Précis, imparable, parfait. Traducteur dans la langue du droit, encodeur aguerri, il n'exprime aucune indignation. Nul effet de manche. Un subtil agacement, peut-être, comme quelqu'un qui sait faire preuve de patience et ne doute pas que l'interlocuteur, aussi obtus soit-il, saura entendre l'évidence. Je note ses arguments, « état de nécessité », « liberté d'expression », mais ce livre n'est pas une chronique judiciaire. C'est le récit d'un glissement, d'une évidence à l'autre.

Deux semaines plus tard, le 16 septembre, les trois juges rendent leur décision.

Relaxe.

Épilogue

25

Glissement de terrain

— Ils ont déjà mis les plombs sur les nouvelles parcelles à déplacer. Le jour où ils arrivent, ils dégagent tout le monde.

Octobre 2022. Un mois après la relaxe des militants, alors que les parois hautes et brunes de la piscine d'entraînement olympique s'élèvent à grand bruit à l'angle de l'avenue Jean-Jaurès et de l'avenue de la Division-Leclerc, je retrouve Carlos Terrivel. Le retraité s'est mis à son compte. Après l'avoir poussé vers la sortie, son ancien employeur le fait travailler comme auto-entrepreneur sous-traitant. Ça lui laisse du temps libre pour jardiner. Je m'accoude au bar de bois que l'ouvrier cuisiniste a aménagé sous l'auvent de sa cabane. Les 250 mètres carrés de Carlos ne sont pas « impactés », dit-il avec les mots des urbanistes. Mais une vingtaine d'autres parcelles doivent être rasées pour laisser place, cette fois, à une gare. Dolorès, Ivan, Jade et les autres ont vu le coup partir, ils poursuivent la lutte. S'inspirant du vocabulaire des séries, ils évoquent « la saison 2 ». Ou, puisant dans un registre classique, « l'acte II ». Comme c'est désormais presque devenu la norme, la gare du futur Grand Paris Express doit être augmentée d'un centre commercial. « C'est le privé qui finance le public », énonçait Thierry Lajoie d'une voix sourde. Même cause, mêmes effets. Depuis l'avenue de la Division-Leclerc, l'équipement doit empiéter de 5000 mètres carrés sur les jardins des Vertus. Le maître d'ouvrage n'est plus Grand Paris Aménagement, mais la Société du Grand Paris, un autre établissement public. D'autres couloirs.

L'impression me saisit, décourageante, qu'en dépit de la bataille livrée, et gagnée, tout se reproduit à l'identique. Les couloirs demeurent, les aménageurs aménagent. Passent les saisons. Lors de notre première rencontre, Carlos, que dans ces pages j'ai appelé « le fataliste », m'avait fièrement invitée à goûter ses fraises. À présent, avec la même fierté, sur la même parcelle à ce jour épargnée, il me montre ses figues.

Soudain, le ton change.

— Ils avaient raison, les opposants[1]. Des espaces verts, ici, il y en a trop peu. On était pratiquement tous d'accord avec eux...

---

1 Les opposants au solarium.

Arrive Franck, ouvrier boulanger dans le centre d'Aubervilliers, la cinquantaine costaude. Lui aussi cultive sa parcelle, un peu plus loin. Les deux hommes se saluent, Carlos me présente. Franck brûle de faire entendre son avis.

— Il faut se battre. Sinon, quoi ? Béton, béton, béton. Comme dans les cités à côté, avec des bacs de verdure de deux mètres carrés.

Presque nostalgique, Carlos évoque la JAD.

— C'était une belle occupation... On a sympathisé. On faisait du troc. J'ai donné de la paille.

Franck abonde.

— J'ai donné des légumes.

— J'ai donné un coup de main pour construire les remparts de paille, là-bas...

Carlos désigne l'extrémité ouest des jardins que troue désormais le cratère.

— Certains jardiniers, moi je le dis, auraient dû rester sur leur parcelle[1]. Ils ont lâché trop tôt.

— Moi, jusqu'au bout, je serais resté.

---

1 Au lieu de la libérer comme GPA l'exigeait.

Arrive un troisième jardinier, Lucas, la soixantaine bien tassée, chauffagiste ou ancien chauffagiste, solide accent portugais.

— Il faut que ça reste comme ça, c'est vivant. C'est pas une toile...

Il fait le geste d'enrouler et de dérouler.

— C'est politique.

— Moi, si on m'enlève ça, on m'enlève une partie de ma vie.

D'un geste ample qui n'est plus du tout fataliste, Carlos montre sa cabane, son figuier, mais aussi les jardins alentour, les copains, les bassines à eau, les barbecues, les acanthes, les hêtres, les pommiers, les feuillages dorés de l'automne.

— Il faut se battre.

D'une évidence l'autre : comme un glissement de terrain.

Je ne sais pas si Élise a trouvé le temps de lire *L'entraide* de Kropotkine. Ce qui est sûr, c'est qu'en février 2023, les jardiniers élisent à la tête de la société des jardins ouvriers des Vertus, à la place du très accommodant Philippe Fretté, la combative Dolorès Mijatovic. À l'échelle de quelques hectares, une révolution par les urnes.

Face à la mobilisation des jardiniers, la Société du Grand Paris accepte de réviser sa copie. La gare et son centre commercial n'empièteront plus de 5000 mètres carrés sur les jardins, mais de 2300, concèdent les urbanistes dans un premier temps. Avec eux, ou plutôt avec elles, car ce sont des femmes, « le dialogue est plus simple qu'avec les hommes de GPA », observe Ivan Fouquet. Les femmes seraient-elles davantage que les hommes prêtes à dévier de leurs couloirs ? Ivan semble le croire. Moins butée désormais, la puissance publique convient que la gare du Grand Paris Express pourra être rapprochée de l'actuelle station de métro de la ligne 7, et creusée davantage en profondeur, « en silo ». Il était temps d'y penser. À l'automne 2023, il est acquis que les travaux n'empièteront plus que sur 950 mètres carrés, dont 600 seront ensuite restitués aux jardiniers. Bilan : 300 mètres carrés de jardins détruits, l'équivalent d'une seule parcelle. La lutte a payé, le dialogue aussi.

Dans les épilogues, ceux qu'on lit à la fin des romans populaires du XIXe siècle, tout semble figé pour toujours. Enclos comme un paysage avec ses petits personnages dans une boule de verre. C'est rassurant. C'est mensonger, bien sûr, parce qu'en réalité l'histoire ne finit pas. Sur les jardins d'Aubervilliers et d'ailleurs, la pression foncière demeure. Les vieux arbres et les herbes folles ne se défendront pas seuls, ils auront besoin d'intercesseurs vigilants. Justement. Une victoire, c'est toujours ça de pris. « On a gagné », sourit Ivan. Ailleurs, des gens se diront : à Auber, ça a marché, alors pourquoi pas chez nous ?

À l'automne 2023, moins d'un an avant les Jeux olympiques de Paris, je retrouve dans ma bibliothèque les graines d'ancolie achetées à prix libre. Protégées par leur enveloppe de papier kraft soigneusement pliée et sérigraphiée par Dolorès, elles voisinent avec de vieilles surprises Kinder et un livre sur la peinture vénitienne. Sur l'enveloppe, ces mots : « Graines de combat ». Renseignement pris, l'ancolie s'épanouit en fleurs vivaces de couleur mauve, pourpre, parfois rouge. Je me promets de semer les graines au printemps prochain, dans la terre fraîche.

Remerciements

À Camille pour sa suggestion initiale, à Naïri Nahapétian pour son écoute amicale et son entregent efficace,

à toutes celles et tous ceux qui ont bien voulu témoigner pour ce livre, notamment Dolorès Mijatovic, Ivan Fouquet, Matteo Bonaglia, et dans le camp adverse, Thierry Lajoie,

à Claire Alet pour sa lecture attentive et sa confiance, à Hélène Pasquet pour son enthousiasme, à Cyrielle Ferrer pour sa patience.

Chronologie

25 février 2020 : La communauté d'agglomérations Plaine Commune, qui regroupe neuf villes de Seine-Saint-Denis, dont Aubervilliers, adopte un nouveau Plan Local d'Urbanisme Intercommunal (PLUI). Ce plan rend possible l'urbanisation des jardins ouvriers des Vertus, à Aubervilliers, malgré la protection des espaces naturels garantie par le Schéma Directeur de la Région Île-de-France (SDRIF).

Juin 2020 : La maire sortante communiste Meriem Derkaoui perd les élections municipales. Elle signe le permis de construire de la piscine d'entraînement olympique, du spa et du solarium attenants. Puis elle laisse place à la nouvelle édile, Karine Franclet (UDI).

Juillet-août 2020 : Un collectif de jardiniers et de sympathisants se forme pour défendre les jardins ouvriers des Vertus.

De l'automne 2020 au printemps 2021 : Le collectif tente de négocier avec la ville, la sous-préfecture, Grand Paris Aménagement et le Comité Olympique, sans succès.

5 avril 2021 : Le collectif tente un recours gracieux contre le PLUI de Plaine Commune.

24 avril 2021 : Dix-neuf parcelles sont investies par le collectif après l'expulsion de leurs jardiniers. Un rempart de paille est construit en bordure du site. La JAD (la ZAD des « Jardins à défendre ») est créée sur une surface d'environ 4 000 mètres carrés.

30 avril 2021 : La convention d'occupation précaire entre l'établissement public Grand Paris Aménagement (propriétaire du foncier et aménageur pour le compte de la commune d'Aubervilliers) et la société des jardins ouvriers des Vertus prend fin.

26 juillet 2021 : Le conseil municipal de la ville d'Aubervilliers vote le permis de construire de la piscine, du spa et du solarium attenants.

Fin août 2021 : Pierre Heddi, spécialiste de droit public et de droit immobilier, avocat du collectif, dépose un recours en référé contre le permis de construire devant la Cour administrative d'appel de Paris.

2 septembre 2021 : La JAD est évacuée par la police. Dans l'urgence, la société Grand Paris Aménagement envoie des bulldozers raser les cabanes, les arbres et les plantes. 4 000 mètres carrés de jardins sont détruits.

20 septembre 2021 : la Cour administrative d'appel suspend le permis de construire et enjoint à la maire d'Aubervilliers de faire cesser les travaux.

26 octobre 2021 : La mairie présente un permis de construire modifié pour la piscine, le spa et le solarium.

Novembre : La Cour administrative d'appel valide ce nouveau plan. Les travaux reprennent.

2 février 2022 : Une vingtaine de militants bloquent le chantier en s'enchaînant aux machines avant la coulée du béton. Huit d'entre eux sont placés en garde à vue et envoyés devant le tribunal correctionnel de Bobigny pour y être jugés.

10 février 2022 : la Cour administrative d'appel de Paris annule le PLUI.

9 mars 2022 : La Cour administrative d'appel enjoint à la ville d'Aubervilliers de faire immédiatement cesser les travaux sans lien avec la piscine, c'est-à-dire les travaux du spa et du solarium. Ce chantier correspond aux parcelles détruites six mois auparavant. Les travaux s'arrêtent. Le projet de piscine est modifié de manière substantielle, ceux de solarium et spa sont supprimés.

14 mars 2022 : La mairie d'Aubervilliers annonce l'abandon du projet de spa et de solarium.

31 mars 2022 : Le tribunal de Bobigny déclare illégale l'expulsion des « jadistes », la fait annuler et condamne Grand Paris Aménagement à les indemniser.

7 juillet 2022 : La Cour administrative d'appel de Paris annule le permis de construire tel que modifié par la ville d'Aubervilliers le 26 octobre 2021.

2 septembre 2022 : Huit défenseurs des jardins comparaissent devant le tribunal correctionnel de Bobigny à la suite du blocage du chantier.

16 septembre 2022 : Le tribunal correctionnel de Bobigny relaxe les huit personnes mises en examen.

Repères géographiques

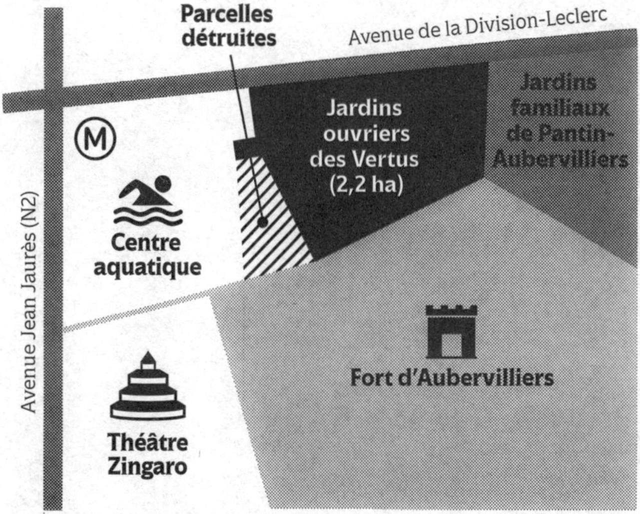

Jardins ouvriers des Vertus à Aubervilliers (93)

D'après le plan original de Ivan Fouquet, Fair archi

Table des matières

De la même autrice

- *L'Inde à l'assaut du monde*, Grasset, 2007, en poche chez Hachette Littératures, 2009.
- *La voiture du peuple et le sac Vuitton*, Fayard, 2013.
- *La course ou la ville*, Seuil, 2014.
- *Journal intime du capitalisme*, éditions Maurice Nadeau, 2023.

Dans la même collection

- *Le Central*,
  Mikael Corre, avril 2023.
- *Mille origines*,
  Charif Majdalani, avril 2023.
- *Quitter Téhéran*,
  Naïri Nahapétian, avril 2023.
- *Les endurants*,
  Carlos Manuel Alvarez (traduit de l'espagnol, Cuba, par Isabelle Lauze), septembre 2023.
- *Une mère étrangère*,
  Danièle Laufer, septembre 2023.
- *Une femme de son temps*,
  Joséphine Lebard, octobre 2023.
- *La meilleure vie*,
  Coralie Garandeau, janvier 2024.
- *L'entretien d'embauche au KGB*,
  Iegor Gran, janvier 2024.
- *Les gens ordinaires ne portent pas de mitraillettes*,
  Artem Chapeye, février 2024.
- *Après la pluie d'avril*,
  Isabelle Darras, avril 2024.

Cet ouvrage a été achevé d'imprimer
sur Roto-Page par l'Imprimerie Floch
à Mayenne en février 2024.

Numéro d'impression : 104283
Imprimé en France